안
목

안목

2019년 4월 30일 초판 1쇄 발행
2024년 6월 30일 2판 3쇄 발행

지은이 박영선
기획 강선
편집 문선형, 정유진
디자인 잔
경영지원 함초아
펴낸이 최태준
펴낸곳 무근검
주소 서울특별시 송파구 올림픽로 4길 17 A동 301호
홈페이지 lampbooks.com
이메일 book@lamp.or.kr **전화** 02-420-3155
등록 2014. 2. 21 제2014-000020호
ISBN 979-11-87506-53-9(03230)

이 도서의 국립중앙도서관 출판시도서목록(CIP)은 서지정보유통지원시스템
홈페이지(http://seoji.nl.go.kr)와 국가자료공동목록시스템
(http://www.nl.go.kr/kolisnet)에서 이용하실 수 있습니다.
(CIP제어번호:CIP2020032790)

무근검은 '하나님의 영광은 무겁고 오래된 칼과 같다'라는 뜻입니다.

안
목

박영선
지음

무근검

··· 이는 네 빛이 이르렀고

여호와의 영광이 네 위에 임하였음이라

사 60:1

신앙 인생을 잘 살아 내려면 안목이 필요하고 또 중요합니다. 몇 해 전, 출간한 《인생》(무근검, 2017)을 통해 '기독교, 그 영광의 정체성'이 드러나는 자리를 보았다면, 이번 책 《안목》을 통해서는 영광의 정체성을 발견하는 통찰에 대해 이야기하고자 합니다.

안목이 중요한 주제로 떠오른 것은 이사야서 강해를 시작하면서부터였습니다. 방대한 이사야서를 헤매지 않고 성경이 말하는 대로 읽어 내기 위해서는 바른 안목이 필요했기 때문입니다. 처음에는 이사야서를 잘 읽어 내기 위한 안목에서 시작하였으나, 결국 신자의 인생과 하나님의 일하심을 어떤 안목으로 바라보아야 하는가 하는 주제로 확장되었습니다. 이런 이유로, 이사야 읽기에만 한정된 주제로 이해될 수 있는 기존 제목 《박영선의 이사야 읽기》 대신, 《안목》이라는 제목으로 다듬었습니다. 몇 해 전에 설교한 〈다시 보는 로마서〉에서 시간의 역순을, 〈욥기 설교〉에서 인과응보의 법칙을 극복하는 창조 질서를 발견했다면, 〈다시 보는 이사야〉를 통해 저는 안목의 중요성을 발견했고, 이를 강조하고자 전면에 드러낸 셈입니다.

이 책 《안목》에서는 제3차 세계관에 대해 이야기합니다. 제3차 세계관을 소개하여, 신자는 율법과 은혜의 차원을 넘어 자유와 책임의 자리 곧 명예로운 신앙의 경지로 초대되었음을 알려 줍니다. 신앙에서 책임이나 자유를 말하면 도전이 되기도 하지만, 대개 체념으로 끝나기 쉽습니다. 그러나 결단코 체념에만 머물러 있을 수 없는 신자의 운명을 3차 세계관은 보여 줍니다.

기독교 신앙은 궁극적 승리를 약속해 줍니다. 하지만 넘치는 감격과 소원으로 시작한 신앙 인생이 왜 어려움을 겪는 현실로 귀결되는지에 대해서는 한국 교회가 여전히 외면하고 있습니다. 신앙이 오늘을 사는 신자에게 아무런 도움이 되지 못하고 다만 내세로 미루어진 운명에 불과하다면, 그것은 우리가 구원이 현실에서 무엇을 약속하고 의도했는가에 대해 아직 잘 모르기 때문일 것입니다.

오늘이라는 현실이 책임과 명예로 결실할 수 있는 얼마나 놀랍고 귀한 기회인지를 여기 소개하였습니다. 읽고 힘을 얻어 각자의 오늘을 영광되게 살아 내십시오.

2020년 8월
박영선

차
례

일러두기

- 이 책은 박영선 목사가 2017년 11월 일병 목회 강좌에서 강의한 〈이사야서를 통해 보는 젊은 목회자들을 위한 기독교 신앙의 통찰〉을 글로 펴낸 책 《박영선의 이사야 읽기》(무근검, 2019)의 개정판입니다.
- 이 책에서는 개역개정판 성경을 인용하였습니다.
- 성경을 인용할 때, 절의 전체를 인용할 경우에는 큰따옴표(" ")로, 절의 일부를 인용할 경우에는 작은따옴표(' ')로 표기하였습니다.
- 본문에 《   》로 표기된 것은 도서를, 〈   〉로 표기된 것은 도서 외의 작품을 가리킵니다.

1

변론

우리가 가진 기독교 신앙이라는 것을 자신이 공감하
고 확인한 내용으로만 고정해 놓으면 안 됩니다. 하나
님이 여전히 열어 가고 계시기 때문입니다.

18 여호와께서 말씀하시되 오라 우리가 서로 변론하자 너희의 죄가 주홍 같을지라도 눈과 같이 희어질 것이요 진홍 같이 붉을지라도 양털 같이 희게 되리라 19 너희가 즐겨 순종하면 땅의 아름다운 소산을 먹을 것이요 20 너희가 거절하여 배반하면 칼에 삼켜지리라 여호와의 입의 말씀이니라 21 신실하던 성읍이 어찌하여 창기가 되었는고 정의가 거기에 충만하였고 공의가 그 가운데에 거하였더니 이제는 살인자들뿐이로다 22 네 은은 찌꺼기가 되었고 네 포도주에는 물이 섞였도다 23 네 고관들은 패역하여 도둑과 짝하며 다 뇌물을 사랑하며 예물을 구하며 고아를 위하여 신원하지 아니하며 과부의 송사를 수리하지 아니하는도다 24 그러므로 주 만군의 여호와 이스라엘의 전능자가 말씀하시되 슬프다 내가 장차 내 대적에게 보응하여 내 마음을 편하게 하겠고 내 원수에게 보복하리라 25 내가 또 내 손을 네게 돌려 네 찌꺼기를 잿물로 씻듯이 녹여 청결하게 하며 네 혼잡물을 다 제하여 버리고 26 내가 네 재판관들을 처음과 같이, 네 모사들을 본래와 같이 회복할 것이라 그리한 후에야 네가 의의 성읍이라, 신실한 고을이라 불리리라 하셨나니 27 시온은 정의로 구속함을 받고 그 돌아온 자들은 공의로 구속함을 받으리라 28 그러나 패역한 자와 죄인은 함께 패망하고 여호와를 버린 자도 멸망할 것이라 29 너희가 기뻐하던 상수리나무로 말미암아 너희가 부끄러움을 당할 것이요 너희가 택한 동산으로 말미암아 수치를 당할 것이며 30 너희는 잎사귀 마른 상수리나무 같을 것이요 물 없는 동산 같으리니 31 강한 자는 삼오라기 같고 그의 행위는 불티 같아서 함께 탈 것이나 끌 사람이 없으리라 (사 1:18-31)

이사야서의 주제는 '하나님의 꿈', '하나님의 비전'입니다. 이런 주제가 잘 드러난 장이 이사야 60장, 61장, 62장입니다. 특히 '일어나라 빛을 발하라', '네 하나님이 너를 기뻐하시리라'라는 구절은 이사야서의 주제를 잘 드러내 줍니다. 이런 하나님의 꿈이 하나님의 주권과 하나님의 능력으로만 성취되는 것이 아니라, 이사야서 내내 나오는 바와 같이 하나님이 당신의 백성을 설득하고 위로하고 그들에게 경고하고 약속하는 것을 통해 실현됩니다.

그런데 우리는 하나님이 당신의 비전을 실현하시는 일하심을 잘 읽어 내지 못합니다. 성경을 읽을 때 잘잘못만 가리는 이분법의 관점에서 보거나 이미 이스라엘 역사를 알고 있다는 전제에서 결론적 교훈만 뽑아내기 때문입니다. 성경에서 '이스라엘은 불순종하여 멸망했다'와 같은 가르침만 추려 내려 한다면, 성경 전체가 하려는 이야기, 그중 여기서는 이사야서가 하고 싶은 이야기 곧 '오라 우리가 서로 변론하자'라는 말에 담긴 의미를 간과하게 됩니다. 이 말씀에는 '너희 어디 한번 변명해 봐라. 나는 나의 목적과 뜻을 너희에게 알리겠다'라는 하나님의 의지가 들어 있습니다. 이스라엘을 향한 하나님의 목적은 그들을 다만 우월한 권력으로 강요하거나 법칙으로 통제하는 데에 있지 않습니다. 하나님은 이러한 당신의 일하심을 이스라엘 백성과 이 말씀을 읽는 후대의 우리가 알기를 원하십니다. 이처럼 우리는 하나님이 무엇을 만들려고 하시며 그것을 어떻게 이루시는가에 대한 설명과 증거를 성경에서 보아야 합니다.

1

먼저 이런 차원에서 접근해 봅시다. 인문학의 가치는 어디에 있을까요? 이 질문을 곰곰이 생각해 보면, 성경이 하려는 이야기를 더 잘 이해할 수 있는 실마리가 잡힐 것입니다.

문학과 역사와 철학은 왜 만들어졌으며, 이들의 역할은 무엇일까요? 제가 생각하는 문학의 역할은 질문입니다. 문학은 우리에게 질문을 던집니다. 도대체 인간의 가치는 어디에 있는가, 사랑하는 데에 있는가, 충성하는 데에 있는가, 이렇게 질문을 던지며 풀어 갑니다. 문학은 그렇게 이야기를 풀어 가다가 결국 인간이란 어떤 존재인가 하는 데로 나아갑니다.

지금껏 문학이 이야기를 풀어 온 방식을 보면, 희극으로는 인간의 깊이와 인생의 심오함을 다 담아내지 못합니다. 그래서 비극이 등장합니다. 인간이 갈구하는 갈망은 매우 큰 반면, 인간이 제시할 수 있는 답은 너무 작습니다. 그 괴리 때문에 비극으로 가게 됩니다.

그래서 문학의 최고봉은 비극입니다. 인간은 왜 이 꼴일까, 인간은 그때 왜 그랬을까 하는 질문이 등장하는데, 그 질문에 대한 분명한 답을 찾아내지 못해 비극으로 갈 수밖에 없다는 현실을 문학이 보여 줍니다. 인간이 공포 속에 있다는 현실을 확인시키는 데 문학의 가치가 있습니다.

인간이 공포 속에 있는 존재라는 점을 잘 드러내 주는 작품 하나를 들어 보겠습니다. 카프카의 《변신》이라는 작품입니다. 어느 날 주인공이 아침에 일어나 벌레로 변해 버린 자신을 발견합니다. 너무도 황당한 일이 벌어진 것입니다. 그런데 주인공은 벌레로 변한 자신을 걱정하는 게 아니라 회사에 결근하게 된 것과 주어진 일을 못 하게 된 상황만 걱정합니다. 일상이 책임이라는 공포로 자신을 엄습해 오기 때문일 것입니다. 카뮈의 《이방인》도 마찬가지입니다. 인생이란 무엇인가에 대하여 공포밖에는 확인할 것이 없었다, 이것이 문학입니다.

역사도 그렇습니다. 역사학자들은 '역사는 의식이 없다'는 말을 종종 합니다. 도저히 벌어질 수 없는 일이 일어났다는 사실 때문에 그렇습니다. 역사에는 도무지 이해할 수 없는 일들이 얽혀 있는데, 이것이 인과율로 설명되지 않습니다. 다른 사건이 일어날 가능성이 컸는데, 하필 가능성이 가장 희박한 일이 일어난 것입니다.

야콥 부르크하르트(Jacob Christoph Burckhardt)라는 역사학자가 있습니다. 그는 《세계 역사의 관찰》이라는 책에서 역사를 대하는 자세를 '관찰'이라는 단어로 표현합니다. 역사는 '해설'할 수 없기 때문입니다. 역사에는 앞뒤를 연결하기 어려운 일들이 연이어 일어나기에 역사는 해설할 수 없고 관찰할 수밖에 없더라는 이야기입니다. 역사의 본질을 꿰뚫는 설명입니다. 왜 이런 모양으로 흘러왔는지 모르지만 어쨌든 이렇게 흘러왔다, 이것이 바로 역사입니다.

우리나라 역사도 마찬가지입니다. 임진왜란이 일어난 가장 큰 이유가 무엇입니까? 16세기 후반, 일본의 혼란스러운 전국시대를 평정한 도요토미 히데요시(豊臣秀吉)가 통일에 공을 세운 부하들에게 녹봉을 주려는데, 줄 것이 마땅치 않아 조선과 명나라로 눈을 돌리게 됩니다. 명나라로 가는 길을 터 달라는 요청을 들이밀어 조선을 쳐서 공신들에게 보상해 주려 했던 것입니다. 전쟁에 승리하면 영토를 나눠 갖게 될 것이고, 실패하면 다 죽을 것입니다. 정당한 대의명분 없이 '명나라를 정벌한다'라는 구호 하나로 군사를 보내는 바람에 가만히 있던 조선이 날벼락을 맞게 됩니다. 그러고 보면 일제 강점도 날벼락이고, 6·25도 날벼락입니다. 우리로서는 이해가 잘 안 가는 흐름인데, 역사는 이를 잘 해설해 낼 수 없습니다.

역사를 보며 드는 생각은 인간은 결과를 알 수 없다, 이유도 알 수 없다, 결국 운이 좋아야 한다, 하는 깨달음입니다. 그런데 신자라면 여기서 한 발 더 나아가야 합니다. 인간이란 무엇이고 인생에 어떤 가치가 있으며 역사란 무엇인가라는 질문을 가지고 더 깊이 생각해야 합니다.

지금 이 강의를 듣는 여러분은 목회자로서 기독교 신앙을 설교하고 증언하는 입장에 있습니다. 그런 여러분이 질문과 고민은 생략한 채 정답만 강요하는 설교를 한다면, 감동적 미사여구나 선동적 구호만 난무할 뿐 제대로 된 설교는 아닐 것입니다. 설교는 왜 그런 일이 일어났는가 하는 질문에서 출발해야 합니다. 그래야 청중이 실제로 공감할 수 있습니다.

이런 질문을 예로 들어 보겠습니다. 예수님은 부활하신 후 왜 빌라도에게는 나타나지 않으셨을까요. 부활하신 예수님이 빌라도에게 친히 나타나 그를 놀라게 하셨다면 복음을 전하기가 훨씬 쉽지 않았을까요. 왜 예수님은 정작 권력자에게는 안 나타나시고 하필 이 바보 같은 제자들에게 나타나셔서 그 고생을 시키나 싶습니다. 여기에 하나님의 지혜가 담겨 있다고 성경은 가르칩니다.

우리가 가지고 있다는 정답이 어떤 질문, 어떤 조건, 어떤 현실에서 답이 되는가를 생각하지 않은 채, 고함지르고 기도원 가고 금식하고 공부만 많이 해서 성도들에게 신앙을 강요하려 든다면, 그런 설교는 맥을 쓰지 못합니다.

이런 차원에서, 불순종하고 우상을 섬기는 이스라엘 백성을 향해 하나님이 진노하여 선지자들을 보내신 뜻이 무엇인지 생각해 보아야 합니다. 그들이 잘못했으니 너희가 가서 그들을 꾸짖고 회개시켜라, 이 한마디에 다 담을 수는 없습니다. 그만큼 간단하지 않습니다. 그렇게 가서 성공한 선지자는 없습니다. 그러니 오늘날에도 선지자의 사명을 받았다는 분들이 들고일어나 "한국 교회 이렇게 가면 안 된다" 하며 악을 쓰는 것은 그저 화풀이에 지나지 않을 수 있습니다.

선지자는 왜 세워졌을까요. 이스라엘이 멸망할 무렵에 선지자들이 대거 등장하여 "너희가 벌 받는 것은 지난날 저지른 너희 잘못 때문이다" 하고 외칩니다. 여기까지는 우리 역시 다 알고 있습니다. 그런데 좀 더 깊이 들어가 이 형벌에 어떤 뜻이 담겨 있는지 생각해 봅시다. 많은 선지자들이 이어서 외칩니다. "하나님이 너희를 치신 것은 너희로 하나님의 백성답게 사는 일에 승리하게 하려고 그리하신 것이다. 그러니 너희가 쫓겨나 벌을 받을지라도 그것으로 끝이 아니다." 무슨 말입니까? "너희가 바벨론 포로로 끌려가는 것은 너희가 저지른 잘못 때문에 하나님이 넘기신 것이지, 너희 군사력과 정치력이 열등해서가 아니다. 잘못을 씻고 고쳐 하나님이 너희를 기어코 당신의 백성으로 삼으시려고 이 어렵고 고통스러운 일을 요구하고 계신다. 그러니 이제 알아듣고 기억하라." 이처럼 이스라엘이 가장 큰 유익과 교훈을 얻은 시기는 바벨론 포로기라고 할 수 있습니다.

2

이사야서를 개관해 보면, 1장에서 39장은 역사를, 40장에서 55장은 회복에 관한 예언을, 56장에서 66장은 종말론적 궁극의 승리를 약속하는 말씀을 다루고 있습니다. 이 구분을 용이하게 하려고 붙인 이름이 제1 이사야, 제2 이사야, 제3 이사야입니다.

이사야 1장 1절을 보면, "유다 왕 웃시야와 요담과 아하스와 히스기야 시대에 아모스의 아들 이사야가 유다와 예루살렘에 관하여 본 계시라"라고 되어 있습니다. 여기서 보듯, 웃시야, 요담, 아하스, 히스기야 시대에 활동했던 이사야 선지자가 바벨론 포로에서의 회복을 목도하기까지 살았을 리는 없습니다. 그런데도 이사야 후대에 나온 이야기가 선지자 이사야의 메시지와 연결되기 때문에 〈이사야〉라는 한 권의 책으로 묶였다고 보고, 이사야서의 저자를 제1 이사야, 제2 이사야, 제3 이사야로 구분하는 것입니다. 한편, 보수 진영에서는 이렇게 이야기합니다. 이사야 앞부분은 선지자 이사야가 현실에서 본 내용이고, 제2 이사야와 제3 이사야는 환상 중에 본 예언이라고 말입니다.

본 강의에서는 제1 이사야, 제2 이사야, 제3 이사야로 구분하는데, 이 구분을 저작권 문제나 정경성(正經性)을 다투는 관점에서 보지는 않습니다. 이러한 구분이 어떤 중요한 점을 드러내 주기 때문에 편의상 가르는 것입니다. 여기서 반드시 짚고 넘어가야 할 점이 있는데, 그것은 이사야서가 다루는 내용이 실제로 일어난 역사적 사건이라는 점입니다. 제1 이사야, 제2 이사야, 제3 이사야로 구분하든 그렇지 않든 간에 멸망과 회복, 그리고 반복되는 하나님의 꾸중과 궁극적 약속이 역사 속에서 실제로 일어난 사건이라는 점을 기억하십시오.

3

앞서 인문학을 이야기하면서 문학과 역사에 대해 언급했고, 이제 철학에 대해서 생각해 보려고 합니다. 철학은 우리에게 생각은 왜 하는가, 진리는 무엇인가, 인간의 가치는 어떤 단어와 내용으로 표현할 수 있는가, 하는 질문을 던집니다.

철학에 대한 좋은 이해를 얻을 수 있는 책을 하나 소개합니다. 최진석 교수가 쓴 《탁월한 사유의 시선》이라는 책입니다. 이 책에서는 철학을 '생각하는 법'이라고 이야기합니다. 여기서 '법'은 규칙이나 공식을 의미하지 않고 '차원'을 가리킵니다. 철학은 생각의 차원, 안목과 분별, 그리고 가치의 차원에 대해 이야기합니다. 여기에도 한계는 있습니다. 철학을 포함한 인문학은 인간의 질문, 인간의 가능성, 인간의 경험, 인간의 희망을 대변하면서도 인간이라는 존재가 지닌 능력의 범위는 벗어날 수 없기 때문입니다.

상상이라는 것도 자신이 디디고 서 있는 자리에서 펼쳐 보는 것이지 진공상태에서는 나올 수 없습니다. 모든 것을 상상할 수는 없습니다. 인간이 상상해 낼 수 없는 것을 기적이라고 합니다. 상상할 수 없는 것이 존재한다는 것은 기적을 베푸시는 이가 존재한다는 뜻입니다. 기적을 베푸시는 이는 하나님입니다. 그렇다면, 기적의 가치는 어디에 있을까요? 기적의 가치는 다만 초월성에 있지 않습니다. 기적은 우리가 이해하지 못하고 또 이해할 수도 없는, 하나님이 우리의 유익을 위해 행사하시는 은총입니다.

기독교는 자연과 마찬가지로 기적도 하나님의 은총이라고 이야기합니다. 기적은 하나님이 초월성으로 문제를 해결하여 우리를 감동시킴으로써, 우리가 알고 있는 것보다 더 많은 것을 동원하여 우리를 지키고 계시는 증거라는 데에 그 가치가 있습니다. 그러기 위해서는 기적이 시간과 공간 속에 들어와야 합니다. 시공간 속에 들어오지 않는 기적은 우리가 경험할 수도, 인식할 수도 없기 때문입니다.

이사야서는 상당한 분량을 할애하여 당시 역사를 다루고 있습니다. 역사에서 출발하여 내내 역사를 펼치는 이유는 무엇일까요? 북 왕조 이스라엘과 남 왕조 유다는 부패로 말미암아 멸망이 예언되었고, 그들의 역사는 예언대로 정말 그렇게 흘러갑니다. 당시는 앗수르가 가장 큰 적대 세력이었는데, 생각지도 않던 바벨론이 느닷없이 흥왕하여 성경이 예언한 대로 유다는 바벨론에게 먹히고 잡혀가서 도무지 돌아올 수 없는 처지가 됩니다. 그런데 미미한 국력이 남아 있을 때에도 대항하지 못했던 그들이 포로된 처지에서 고토로 돌아오게 됩니다. 이는 말이 안 되게 놀라운 것입니다. 이런 기적이 시공간 속에 실제로 일어남으로써 우리 이해의 범주를 넘어선 사건들이 계속 이어집니다. 이사야서가 내내 역사를 펼치며 이 사실을 말해 줍니다.

철학하는 사람들이 곧잘 하는 말이 있습니다. 앞서 언급한 최진석 교수의 책에도 등장하는데, 바로 '종교와 철학은 평생 화합할 수 없다'라는 것입니다. 이 말은 종교에 대한 적개심에서 나온 이야기가 아닙니다. 또한 '가장 경계해야 할 것은 종교심이다'라고 이야기합니다. 내적 아집을 종교라는 명분을 내세워 끝까지 고집해 버릴 위험이 있기 때문입니다.

우리가 가진 기독교 신앙이라는 것을 자신이 공감하고 확인한 내용으로만 고정해 놓으면 안 됩니다. 하나님이 여전히 열어 가고 계시기 때문입니다. 이스라엘이 잡혀갈 때에 잡혀간 자들도 하나님의 백성이고, 남아 있던 자들도 하나님의 백성이고, 돌아온 자들도 하나님의 백성입니다. 이들이 다 하나님의 백성인데, 그때 그들은 자기네가 경험한 데까지만 이해할 수 있었고 자기들의 경험 너머를 믿음, 약속이라는 것으로 열어 놓아야 했습니다.

우리도 마찬가지입니다. 우리는 확실하고 분명한 것만 좇으려고 해서 '종교개혁으로 돌아가자'와 같은 구호만 외쳐

댑니다. '종교개혁으로 돌아가자', 이 구호가 가진 가치는 어디에 있을까요? 종교개혁의 가치는 당시 로마 가톨릭에 의해 굳게 닫혀 있던 오랜 고집과 아성을 깨뜨렸다는 데에 있습니다. 그 후 오백 년이나 흘렀습니다. 이제는 종교개혁 이후 그 긴 세월 동안 우리는 무엇을 했으며 장차 무엇을 할 것인가 물으며 길을 열어 가야 하는데, 한국 교회는 추모 행사하듯이 종교개혁을 기념할 뿐, 그다음이 없습니다.

한국에서 공부하여 목회자가 된 이들 중에는 율법주의나 신비주의를 뛰어넘어 기독교를 이해하는 사람이 드뭅니다. 맹렬하게 소리 지르며 열정과 충성심을 내보이는 것으로 끝입니다. 앞서 언급한 문학과 역사와 철학이 치열하게 해 온 고민과 몸부림이 오늘날 한국 교회에는 없습니다.

전에는 장렬하게 순교하고 부흥이 일어났던 한국 교회가 지금은 수치와 분노의 대상이 되어 버렸습니다. 그런데 왜 이렇게 되었는지 묻지 않고 다만 형통이나 해결책만 요구한다면, 십자가 정신과 맞지 않습니다. 십자가는 그냥 다 걸머지고 들어가는 것인데, 어떤 조건이 최선이냐고 묻는 것은 십자가가 무엇인지 몰라서 하는 질문입니다. 그렇다고 일부러 고난을 자초하여 감수하라는 이야기는 아닙니다. 하나님이 나를 어느 시대에 살게 하고, 어떤 도전 앞에 세워 내 안에 무엇을 담으려고 하시는가를 물어야 하는데, 아무도 그렇게는 못 하고 있습니다.

그래서 우리는 이사야를 읽습니다. 제1 이사야, 제2 이사야, 제3 이사야로 구분하여, 멸망하는 역사에서는 어떤 일이 일어나고 이에 대해 하나님은 무엇이라고 하시는가, 또한 회복에 대해서는 어떤 약속이 주어졌는가, 그들이 돌아와서는 어떤 일이 벌어졌고 궁극적 약속이 어떻게 실현되는지 따져 보아야 합니다. 이것을 알려면 당시 정황을 보아야 합니다.

당시는 이스라엘의 패역과 패역의 필연적 결과로 귀결된 멸망이라는 역사적 상황이 있었습니다. 거기서 하나님이 누구시며, 이 역사가 왜 필요하며, 여기서 당하는 모든 일이 이스라엘 백성에게 무엇을 만들어 내는지에 대한 하나님의 말씀이 실감나게 사실로 다가옵니다. 그림도 아니고 추상명사도 아닌 벌어진 일, 즉 사건과 사실을 통해 다가옵니다. 예수의 십자가가 구체적인 것처럼, 우리가 이해하지 못하는 오늘 하루가 하나님이 구체적으로 일하시는 시간이라고 현실을 묶을 수 있게 해 줍니다. 매 일상이 우리에게 실감나는 사실로 다가올 것입니다. 이것이 이사야서를 공부하는 이유입니다.

4

한층 생생한 이해를 위해 역사적 사건 하나를 들어 보겠습니다. 19세기에 일본이 개항하게 된 배경입니다. 1853년, 일본은 페리(Matthew Calbraith Perry) 제독이 우라가 만(浦賀灣)에 와서 포를 쏘는 바람에 어쩔 수 없이 개국하게 됩니다. 미국이 일본에 와서 포를 쏘면서까지 개항하라고 한 이유는 당시 알래스카에서 하는 물개 잡이와 고래 잡이가 미국의 주요 경제 활동인 것과 관련이 있습니다. 당시는 석탄을 때는 시대였는데, 샌프란시스코에서 석탄과 물을 싣고 알래스카에 도착해 포획하다 보면 물과 석탄이 금방 떨어집니다. 그러면 물과 석탄을 어디선가 구해 와야 하는데, 알래스카에서 샌프란시스코로 돌아가는 것보다 일본으로 가는 편이 훨씬 가까워서 일본더러 개항하라고 한 것입니다. "우리가 사 주겠다. 너희는 개항해서 석탄과 물을 팔아라."

그런데 일본은 쇄국정책을 견지합니다. 도쿠가와 막부가 문을 전부 닫아걸고 쇄국정책으로 평화를 유지해 가고 있었기 때문입니다. 이제껏 전통과 권위로 나라를 다스려 왔는데, 밖이 열리면 혼란이 생길 것이 뻔하니 쇄국책을 고수했던 것입니다. 또 육지에서 벌이는 전투만큼은 자기네를 당할 민족이 없다고 하는 자부심이 이 정책을 뒷받침하는 데 일조했을 것입니다. 일본에서는 자식이 태어나면 맨 먼저 검도를 가르칩니다. 검객들도 많고 지방 영주들의 내각마다 문무백관이 전부 칼을 차고 등청할 정도니 일본인이라면 누구나 칼싸움만큼은 자신이 있었습니다. 그런데 육박전이 아니라 저 멀리서 포를 쏘는데, 무슨 수로 당해 냅니까. 맞상대라도 해야 칼을 휘두를 것 아닙니까? 그래서 개항하게 됩니다.

개항한 일본에는 이제 어떤 일이 펼쳐질까요? 16세기 말, 17세기 초에 드디어 실권을 잡은 도쿠가와 이에야스(德川家康)의 반대편에 섰던 서군들, 곧 도요토미 히데요시(豐臣秀吉) 가문의 편을 든 쪽은 당시 싸움에서 지고 난 다음에 주로 동북 지방이나 규슈, 시코쿠 등으로 쫓겨나서 영지를 축소 당합니다. 그즈음 친(親) 도쿠가와 막부 세력은 에도를 중심으로 진을 치고, 그간 원한을 품고 있던 각 영지에서는 개항에 반발하여 들고일어납니다. 낭인(浪人)들이 궐기하며 한풀이를 한 것입니다. 먹고살 여유는 없고 '칼싸움은 준비된 반면, 죽일 사람은 없다'라는 마음으로 살고 있는데, 때마침 나라가 뒤숭숭해지자 '존왕양이(尊王攘夷)'를 주장합니다. 임금을 섬기고 오랑캐는 물리치자는 것입니다. 이렇게 해서 왕실은 높이고 오랑캐는 물리쳐 일본을 지키자는 쇄국파, 오랑캐와

무역해서 나라를 열자는 개국파로 나뉩니다.

지금에 와서 보면 개국파의 판단이 옳습니다. 그런데 당시는 개국파가 판단을 잘해서 개항한 것이 아니라 어쩔 수 없이 개방한 것이었습니다. 자기네들도 개국을 수치스러워했습니다. 당시 정황에서는 "너는 누구냐?" 하는 질문을 받으면 "나는 존왕양이를 지지한다", "나는 막부를 지지한다"라고밖에 이야기할 수 없었지, "나는 민주주의다" 또는 "나는 독재주의다"와 같은 말은 할 수 없었습니다. 아직 그런 단어는 어디에도 없었기 때문입니다. 그러니 그렇게 대립하면서 우리는 왜 싸우는가, 인생은 무엇인가, 하는 심각한 주제를 놓고 고민하게 되었을 것입니다.

이 시대를 배경으로 하는 소설 《칼에 지다》를 통해 아사다 지로(浅田次郎)는 이런 이야기를 들려주려는 것 같습니다. 사무라이는 집안 식구들을 먹여 살리려고 싸우는 것이지 칼부림이나 하려는 것이 아니라고 말입니다. 계속 칼싸움이나 해오다가 이제 세상이 달라져 경제활동으로 눈을 돌리게 되었다는 단순한 변화가 아닙니다. 칼로 묻고 칼로 답하던 데에서 이제는 세상이 달라져 버린 것입니다. 문맥이, 정황이 넓어진 것입니다. 여기서 '컨텍스트'라는 단어를 생각해 보게 되는데, 컨텍스트는 문맥이고 정황이고 무대이자 그릇이라는 뜻을 지녔습니다. 더 많은 내용을 담기 위해서는 그릇이 더 커져야 했고, 결국 그 안에 더 많은 것이 담기게 된 것입니다.

이런 맥락을 따라 한국 교회 이야기를 해 볼까요. 우리나라 부흥기에는 자신이 신자임을 확인하는 대표적 방법이 구원의 확신 또는 방언이나 치유 같은 체험이었는데, 그중 가장 효과가 큰 것은 치유였습니다. 병이 나았다는데, 다른 무엇이 더 필요하겠습니까? 그런데 요즘은 치유도 방언도 드뭅니다. 그때는 하나님이 세상과 당신의 백성을 위하여 일하고 계심을 '치유'라는 방법으로 보이셨다면, 오늘날에는 하나님이 자기 백성을 위해 어떻게 일하시며 그들에게 무엇을 담으려고 하시는지 다른 안목에서 살펴볼 필요가 있습니다. 그에 따라 신자의 삶도 감동이나 확신이나 명분을 좇는 삶에 머물러 있지 말고 일상에서의 분별을 기르는 데로 그릇이 넓혀져 가야 합니다. 여전히 치유가 제일이고 방언이 제일이라고 주장하는 사람들이 있습니다. 또한 그런 그들을 보며 시대에 뒤떨어졌다고 덮어놓고 비판하는 사람들이 있습니다.

비판만 하면 전부가 아닙니다. 그렇게 하고 마는 것은 너무 쉽게 가자는 것입니다. '시대에 뒤떨어졌다'라는 말은 무슨 뜻인가, 그때 방언과 치유의 체험을 표현했던 단어가 담고 있었던 의미는 무엇인가, 하고 묻는 데까지 나아가 기독교를 이해해야 합니다. "하나님이 살아 계신다는 것을 너도 믿지? 확신하지?" 이렇게만 묻고 끝낼 일이 아닙니다. 이 확신이 우리를 어디로 몰아가는지, 하나님이 여전히 우리에게 요구하시는 이 시원치 않은 일상에서 도대체 어떤 가치로 우리를 몰아가시는지 물어야 합니다. 치유의 체험으로 병이 나으면 좋지만 병이 낫고도 굶고 살면, 우리를 어디에 쓰시려고 이렇게 하시는지 하나님에게 물어야 합니다. 공부 잘해서 박사 학위를 받았는데, 집에서 놀고 있으면 어떡하냐고 물어야 합니다. 박사가 되었으면 박사 역할을 해야 하고, 병이 나았으면 건강한 몸으로 살아야 가치와 보람이 있는 것입니다. 여기까지 나아가야 합니다.

다시 일본의 개화기 이야기로 돌아가 봅시다. 당시 누군가 당신은 어느 편이냐고 물으면, 나는 막부파다, 혹은 나는 반(反)막부파다, 또 어떤 부류는 나는 막부파도 아니고 반막부파도 아니다, 라고 대답했을 것입니다. 막부파도 아니고 반막부파도 아니라고 한다면 대체 누구냐, 정체가 무엇이냐, 하는 질문에 이르게 됩니다. 당시 생각으로는 막부 편을 들든지, 막부를 반대하든지 두 가지 입장만 있을 것 같은데, 나중에 보니 이 부류에 속하지 않은 사람들의 생각은 '자유 민권 사상'이라는 용어로 표현될 수 있는 내용이었습니다. 그

런데 당시는 '사상(思想)' 같은 단어가 없어서 적절히 표현할
수가 없었습니다.

단어가 없다는 것은 그것을 필요로 하고 이해해야 하는 경
험이 아직 없다는 말입니다. 막부파든, 반막부파든 '유혈 전
쟁에 불과하다면 도대체 이 싸움은 왜 해야 하는가' 하는 질
문이 나오기 시작했고, 그런 질문을 하는 경험이 모여야 비
로소 단어가 형성될 수 있기 때문입니다.

이제 한국 교회도 경험이 쌓여 질문에 이르게 되었습니다.
순교하고 부흥하여 이 자리까지 왔는데, 여기서 이렇게 곤두
박질친다면, 이제 기독교는 무엇을 외쳐야 하며 우리가 더
알아야 할 것은 무엇인가, 하는 생각이 듭니다. 우리에게는
그다음의 경험이 없습니다. 경험이 없으니 단어를 만들 수
없습니다. 경험과 사건이 없으면 단어가 만들어지지 않고 단
어가 없으면 개념을 담아낼 길이 없습니다. 앞서 말한 일본
의 예에서 보듯 "나는 막부파도 아니고 반막부파도 아니다"
라는 정도로 말하게 될 것입니다. 단어가 없어서입니다. 여
러분이라면 당시 그런 사람을 무엇이라고 불렀겠습니까? 또
한 지금 한국 교회의 이런 현실을 무엇이라고 명명해야 할
까요?

오늘날 목회자에게 닥친 가장 어려운 문제는 아마도 설교

하기 어렵게 된 현실일 것입니다. 우리가 가진 실력만큼 설교하면 우리 사회와 성도들이 식상하게 여깁니다. 식상하다는 것은 별다른 불평이 아닙니다. 거기까지는 다 알고 있다는 말입니다. 좀 더 나아가야 합니다.

요즘 저는 유명하다는 기도원에 다니고 있는데, 이 기도원은 부흥 시대의 잔존물이라 할 수 있습니다. 어느 시대나 기도원에 가는 사람들은 늘 있습니다. 더 이상 갈 데가 없어서 마지막 몸부림으로 갑니다. 기도원 강단에 선 설교자들은 부흥 시대의 끝자락을 여태껏 붙들고 있는 분들입니다. 그분들의 설교를 듣고 나면 내용보다는 자신감에 찬 어조가 더 기억에 남습니다.

하나님은 당시 부흥기라는 정황 속에서 그런 설교자들을 들어 당신의 일하심과 성실하심을 한국 교회에 증언하셨습니다. 우리가 그 부흥 시대의 산물입니다. 그런데 아기는 낳아 놓기만 하면 다 된 것이 아닙니다. 낳은 애를 어떻게 기를까, 어떻게 해야 잘 키울 수 있을까, 이 아기는 장차 무엇이 되어 있을까, 하며 고민해야 합니다. 그런데 기도원에 가면 '키우는 일'에는 관심이 없고 '낳는 일'에만 관심을 갖습니다.

제가 보니 요즘 기도원에 오는 사람들은 강사가 뭐라고 떠드는 것과 상관없이 혼자 조용히 기도하다 갑니다. 아무런 반응도 보이지 않습니다. 손을 흔들라고 해도 흔들지 않고 박수를 치라는 말에도 박수 치지 않고 그냥 묵묵히 앉아 있습니다. 말도 안 되는 설교를 끝까지 들어 주고 혼자 기도하다가 말없이 돌아갑니다. 옛날과 달리 우는 자도 없고 고함지르는 자도 없고 말 거는 자도 없습니다. 예전에 기도원의 분위기는 상당히 뜨거웠습니다. 처음 보는 사이인데도 서로 반가워했습니다. 만나면 서로 가족같이 여기고 마음을 열어 속 이야기를 터놓고 기도 부탁을 하고 함께 기도해 주었습니다. 지금은 서로 아는 척을 안 합니다. 짐짓 눈을 안 마주칩니다.

어느 날 기도원에 앉아 있는데, 누군가 뒤에 와서 저를 꼭 껴안았습니다. "아니, 목사님처럼 훌륭한 분이 여기 웬일입니까?" 이 말뜻을 얼른 알아채고 이렇게 대답했습니다. "기도하러 왔지." 제 대답에도 불구하고 그가 계속 의아한 눈길로 바라보기에 제가 되물었습니다. "그러는 당신은 여기 왜 왔는가. 내가 훌륭한 사람인 줄 알아보는 당신은 여기 왜 왔는가?" 제 물음에 그가 뜻밖에 이런 말을 했습니다. "목사님, 저는 목사님이 하는 설교처럼 진지한 설교를 듣고 앉아 있을 틈이 없습니다. 저는 죽을 것 같습니다. 오늘내일하며 사는데, 마지막으로 기도원에 한번 와 보았습니다. 여기서는 진지한 설교대신 고함지르고 욕하고 재미난 이야기를 들려줌니다. 요즘 저는 재미난 이야기를 들려주는 사람이 제일 고맙습니다. 그러면 괴로운 현실을 잠시나마 잊을 수 있습니다. 오늘 안 죽고 살아 있는 것만으로도 감사합니다. 그저 내일까지만 살려 주시길 바라는 마음으로 그날그날 삽니다." 그 이야기를 듣고 돌아와 많은 생각을 하게 되었습니다. "맞다. 기도원은 그런 곳이다. 여기 와서 기도원이 잘하니 못하니 그런 이야기할 필요 없다."

하나님의 초월적 개입이라는 것은 늘 필요합니다. 그런데 그 초월이라는 것이 한 시대의 방식에 매이지 말고 모두를 위해 일반화되어야 합니다. 순교 시대와 부흥 시대를 지나온 자로서 갖는 이해에만 머물러 있어서는 안 됩니다. 더 나아간 이해, 더 나아간 내용이 있습니다. 그릇만 키우지 말고 커진 그릇에 풍성한 내용을 담아내야 합니다. 이 일을 위해 하나님은 역사를 열어 주시고, 시간과 공간과 살아 보는 기회를 허락하십니다. 그런데도 우리는 실제 살아 내려 하지 않고 앞뒤 문맥 없이 정답만 이야기하고 싶어 합니다. 이런 사람을 세상에서는 '설교하고 앉아 있네'라며 비웃습니다.

앞서 말한 기도원에서 만난 그이가 "아니, 목사님같이 훌륭한 분이 여기 웬일입니까?" 하고 물어본 것은 제가 속한 컨텍스트를 몰라서 그랬을 것입니다. 오죽하면 기도원에 갔겠습니까? 훌륭하고 능력 있으면 걱정도 없을까요? 그런 인생은 없습니다. 그 무엇으로도 해결되지 않고 하나님 앞에 나아가야만 해결되는 일이 있습니다. 그러니 지금 우리의 정황, 곧 "하나님, 저를 빨리 데려가시든지 아니면 확 보상을 해주셔야지, 이것도 저것도 아니고 지금 이게 뭡니까?" 하는 상황이 어떤 일을 하는지 깨달아야 합니다.

지금 우리 현실이 바로 이사야 본문에 나온 이스라엘 상황입니다. 이제 이스라엘은 망합니다. 이 멸망이 도대체 무엇을 담아낼까, 인생에서 우리가 답을 찾지 못하고 헤매는 그 시간, 그 현실에서는 어떤 일이 이루어지는 걸까, 하는 생각이 들 것입니다. 하나님은 말씀하십니다. 이런 현실이 일을 한다, 너희가 잘한 것뿐 아니라 잘못한 것으로도 일한다, 그렇다고 일부러 잘못할 필요는 없지만, 잘못한 것으로도 잘한 것 이상의 결과를 만들어 낸다, 이것을 밝혀내는 것이 이사야입니다. 이를 통해 우리는 십자가의 도가 믿지 아니하는 자들에게는 미련한 것이요, 믿는 우리에게는 하나님의 지혜요 능력임을 깨닫는 것 말고는 다른 답이 없다는 사실을 배우게 됩니다.

5

이사야 6장을 보겠습니다.

웃시야 왕이 죽던 해에 내가 본즉 주께서 높이 들린 보좌
에 앉으셨는데 그의 옷자락은 성전에 가득하였고 스랍들
이 모시고 섰는데 각기 여섯 날개가 있어 그 둘로는 자기의
얼굴을 가리었고 그 둘로는 자기의 발을 가리었고 그 둘로
는 날며 서로 불러 이르되 거룩하다 거룩하다 거룩하다 만
군의 여호와여 그의 영광이 온 땅에 충만하도다 하더라 이
같이 화답하는 자의 소리로 말미암아 문지방의 터가 요동
하며 성전에 연기가 충만한지라 그 때에 내가 말하되 화로
다 나여 망하게 되었도다 나는 입술이 부정한 사람이요 나
는 입술이 부정한 백성 중에 거주하면서 만군의 여호와이
신 왕을 뵈었음이로다 하였더라 그 때에 그 스랍 중의 하나
가 부젓가락으로 제단에서 집은 바 핀 숯을 손에 가지고 내
게로 날아와서 그것을 내 입술에 대며 이르되 보라 이것이
네 입에 닿았으니 네 악이 제하여졌고 네 죄가 사하여졌느
니라 하더라 내가 또 주의 목소리를 들으니 주께서 이르시
되 내가 누구를 보내며 누가 우리를 위하여 갈꼬 하시니 그

때에 내가 이르되 내가 여기 있나이다 나를 보내소서 하였더니 여호와께서 이르시되 가서 이 백성에게 이르기를 너희가 듣기는 들어도 깨닫지 못할 것이요 보기는 보아도 알지 못하리라 하여 이 백성의 마음을 둔하게 하며 그들의 귀가 막히고 그들의 눈이 감기게 하라 염려하건대 그들이 눈으로 보고 귀로 듣고 마음으로 깨닫고 다시 돌아와 고침을 받을까 하노라 하시기로 내가 이르되 주여 어느 때까지니이까 하였더니 주께서 대답하시되 성읍들은 황폐하여 주민이 없으며 가옥들에는 사람이 없고 이 토지는 황폐하게 되며 여호와께서 사람들을 멀리 옮기셔서 이 땅 가운데에 황폐한 곳이 많을 때까지니라 그 중에 십분의 일이 아직 남아 있을지라도 이것도 황폐하게 될 것이나 밤나무와 상수리나무가 베임을 당하여도 그 그루터기는 남아 있는 것 같이 거룩한 씨가 이 땅의 그루터기니라 하시더라 (사 6:1-13)

이사야의 소명을 다룬 본문입니다. 선지자로 부름을 받은 이사야가 하나님의 보내심을 구하는 모습입니다. 그런데 하나님이 하시는 말씀은 이해하기 어렵습니다. "네가 가서 전해도 그들은 깨닫지 못할 것이다. 너는 이 백성의 마음을 둔하게 하여 그들이 깨닫지 못하게 하라"라고 하십니다. 이사야가 답답해서 묻습니다. "주님, 언제까지 그렇게 하실 것입니까?" 하나님은 "성읍들이 황폐하여 주민이 없어질 때까지, 사람이 없어서 집마다 빈집이 될 때까지, 모든 밭이 황무지가 될 때까지"라고 말씀하십니다. 이런 답답한 선지자직이 또 있을까요. 이사야 선지자가 맡은 사명은 매우 곤란한 것입니다. 우리보다 나을 게 없습니다.

우리가 형통했으면 아마 이 자리에 오지 않았을 것입니다. 저를 찾아온 사람 중에 형통한 사람은 없습니다. 막장도 지나와야 이 자리에 옵니다. 이 길 끝에도 길이 있는가, 그런 사람들만 옵니다. 그렇습니다. 이 길 끝에도 길이 있습니다. 이것이 성경의 증언입니다. 이사야가 받은 소명은 예수님의 오심으로 이렇게 성취됩니다. 마태복음 13장을 봅시다.

그 날 예수께서 집에서 나가사 바닷가에 앉으시매 큰 무리가 그에게로 모여 들거늘 예수께서 배에 올라가 앉으시고 온 무리는 해변에 서 있더니 예수께서 비유로 여러 가지를 그들에게 말씀하여 이르시되 씨를 뿌리는 자가 뿌리러 나가서 뿌릴새 더러는 길 가에 떨어지매 새들이 와서 먹어버렸고 더러는 흙이 얕은 돌밭에 떨어지매 흙이 깊지 아니하므로 곧 싹이 나오나 해가 돋은 후에 타서 뿌리가 없으므로 말랐고 더러는 가시떨기 위에 떨어지매 가시가 자라서 기운을 막았고 더러는 좋은 땅에 떨어지매 어떤 것은 백 배, 어떤 것은 육십 배, 어떤 것은 삼십 배의 결실을 하였느니라 귀 있는 자는 들으라 하시니라 제자들이 예수께 나아와 이르되 어찌하여 그들에게 비유로 말씀하시나이까 대답하여 이르시되 천국의 비밀을 아는 것이 너희에게는 허락되었으나 그들에게는 아니되었나니 무릇 있는 자는 받아 넉넉하게 되되 없는 자는 그 있는 것도 빼앗기리라 그러므로 내가 그들에게 비유로 말하는 것은 그들이 보아도 보지 못하며 들어도 듣지 못하며 깨닫지 못함이니라 이사야의 예언이 그들에게 이루어졌으니 일렀으되 너희가 듣기는 들어도 깨닫지 못할 것이요 보기는 보아도 알지 못하리라 이 백성들의 마음이 완악하여져서 그 귀는 듣기에 둔하고 눈은 감았으니 이는 눈으로 보고 귀로 듣고 마음으로 깨달아 돌이켜 내게 고침을 받을까 두려워함이라 하였느니라 그러나 너희 눈은 봄으로, 너희 귀는 들음으로 복이 있도다 내가 진실로 너희에게 이르노니 많은 선지자와 의인이 너희가 보는 것들을 보고자 하여도 보지 못하였고 너희가 듣는 것들을 듣고자 하여도 듣지 못하였느니라 (마 13:1-17)

'씨 뿌리는 비유'입니다. 씨를 뿌렸는데, 그 씨가 길가에 떨어지자 새들이 먹어 치워 싹이 나지 못했고, 돌밭에 떨어지자 뿌리를 내릴 수 없어 싹이 안 났고, 가시떨기에 떨어지자 가시가 기운을 막아 열매를 맺지 못했다, 그러나 좋은 땅에 떨어지자 많은 열매를 맺었다는 비유입니다.

제자들이 묻습니다. "왜 다른 사람들에게는 비유로 말씀하십니까?" 예수님의 대답은 이렇습니다. "하늘나라의 비밀을 아는 것이 너희에게는 허락되었지만 다른 사람들에게는 그렇지 않다. 내가 그들에게 비유로 말하는 것은 그들이 보아도 보지 못하고 들어도 듣지 못하고 깨닫지도 못하기 때문이다." 이처럼 비유로 말씀하시는 목적은 이사야 6장에서 본 바와 비슷합니다. 예수님은 이사야의 예언이 이렇게 이루어졌다고 말씀합니다. "이사야의 예언이 그들에게 이루어졌으니 일렀으되 너희가 듣기는 들어도 깨닫지 못할 것이요 보기는 보아도 알지 못하리라 이 백성들의 마음이 완악하여져서 그 귀는 듣기에 둔하고 눈은 감았으니 이는 눈으로 보고 귀로 듣고 마음으로 깨달아 돌이켜 내게 고침을 받을까 두려워함이라 하였느니라"(마 13:14-15).

이사야는 자기가 받은 말씀을 백성들에게 전하겠지만, 그들은 깨닫지 못할 것입니다. 그들이 깨닫지 못하리라는 이사야의 예언이 예수에게서 이루어집니다. 예수님은, 그들이 깨닫지 못할 것이라는 이사야의 예언이 내게서 이루어졌고 너희는 이 예언의 성취를 본다, 나의 가치는 일어날 수 없는 일을 보는 데에 있다, 라고 하십니다. 일어날 수 없는 일을 본다, 이것이 예수입니다. 일어날 수 없는 일이 일어나서 역사가 됩니다. 역사가들이 역사는 의식이 없다, 우리는 무슨 일이 일어날지 알 수가 없다, 그러나 일어났다, 라고 말한 것과 같습니다. 이것이 역사입니다.

'씨 뿌리는 비유'는 기가 막힌 비유입니다. 좋은 씨로 떨어졌음에도 밭 때문에 결실하지 못합니다. 만일 옥토에 떨어졌더라면 30배, 60배, 100배로 결실했을 것입니다. 이 비유에 빗대어 생각해 봅시다. 예수님이 오셔서 알아듣지 못하고 깨닫지 못하는 자들에게 그 씨가 뿌려졌으니 결실할 수 있다는 것입니까, 없다는 것입니까? 결실할 수 없다는 이야기입니다. 씨가 뿌려졌으나 씨 때문이 아니라 밭 때문에 결실하지 못했다면, 예수가 오신 걸 보고 이해하는 자들은 결실하고 이해하지 못하는 자들은 결실하지 못했다, 그렇게 끝나야 될 것 같습니다. 그런데 역사에서는 어떤 일이 일어났습니까? 예수가 오셨고 우리라는 열매가 맺혔습니다.

예수는 누구입니까? 예수가 누구인지 몰라보는 것이 인류의 현실입니다. 이것이 인류에 대한 진실한 증언입니다. 예수를 십자가에 못 박았기 때문입니다. 그러니 이 이야기는 예수를 못 박은 자들은 지옥 가고 예수를 알아본 자들은 천국 가는 그런 문제가 아니라, 예수는 인류가 당신을 알아보고 못 알아보고를 넘어서 있는 구원을 위해 오셨다는 것입니다. 너희는 나를 알지 못한다, 그러나 내가 와서 구원을 이루겠다, 라고 하신 것입니다. 그러면 옥토는 예수를 영접한 자입니까, 배척한 자입니까? 예수를 영접한 자입니다. 여기서 한 발더 나아가 인간이 예수를 보고 영접할 수 있었다면 예수는 올 필요가 있었습니까, 없었습니까? 인류가 예수를 알아보고 영접할 수 있었다면 예수는 이 땅에 올 필요가 없었습니다.

이스라엘 역사를 보십시오. 아무리 선지자를 보내도 이스라엘은 회개하지 않습니다. 이스라엘이 얼마나 망가졌는가, 어떻게 말을 안 듣는가, 어느 정도 개판인가, 이런 이야기가 이사야 1장부터 5장까지 계속 나옵니다. 결국 그들은 나라를 잃고 성전이 파괴되고 포로로 끌려가는 지경에 이릅니다. 씨가 길가에 떨어진 것입니다. 새가 씨를 먹어 치우는 길가 말입니다.

그런데 마침내 하나님은 이 백성을 무엇으로 만드실 것입니까? 하나님의 약속의 결국을 만드실 것입니다. 이들의 배신과 거부에도 하나님은 이방을 다 구원하실 것입니다. 그러면 30배, 60배, 100배의 열매는 옥토에서 맺히는 것입니까, 돌밭에서 결실하는 것입니까? 이 질문은 사실 말이 되지 않습니다. 인간은 옥토를 만들 수 없는데, 하나님은 결국 결실하시기 때문입니다. 이스라엘 백성만이 선민이던 구약시대의 정황에서 신약시대에 이르자 이스라엘만 빼놓고 다 믿게 되었습니다. 그들의 거부가 이 결실을 가져왔습니다. 그들의 거부에도 불구하고 일이 이뤄졌습니다. 그들이 옥토라서 이런 결실이 맺힌 것이 아니라, 그들이 가시떨기이거나 돌밭이었는데도 이 결과가 나온 것입니다. 이 비유가 의미하는 바는 무엇입니까? 아무리 생각해 보아도 말이 안 맞습니다. 여기에 인과법칙을 적용하여 '그들은 예수를 믿었기에 결실이 맺혔다'라고 이야기하면, 아직도 기독교를 모르는 것입니다. 그렇게 되면 '절망을 뚫고 죽음을 뒤집고'라는 말이 나올 수 없습니다. 잘하면 잘한 대로 보상을 받고, 못하면 못한 만큼 형벌을 받는 것으로 귀착되고 말 것이니 말입니다.

왜 예수를 끌어다 놓고 순종과 충성에 대한 보상을, 거부와 게으름에 대한 형벌을 이야기할까요? 만일 이것이 은혜로 말미암은 것이라면 보상이니 형벌이니 이런 말이 다 소용없지 않을까요? 그런데 사실 은혜를 받으면 보상이니 형벌이니 하는 단어가 다시 살아납니다. 그것이 제3차 세계관입니다. 제3차 세계관에 대해서는 다음 장부터 다루기로 합니다. 그러니 알면 알수록, 기독교란 도대체 어떻게 하라는 것인가, 결국 율법이냐 은혜냐 하는 문제에서 율법을 이야기하면 은혜가 설 자리가 없고 은혜를 이야기하면 율법이 설 자리가 없는 이 모순과 충돌을 어떻게 엮으라는 것인가, 누구에게 대고 율법을 이야기해야 하는가, 하는 질문이 나옵니다. 인과율대로 하자면, 구원은 율법을 지켜야 얻게 되는 것이 맞습니다. 은혜로 구원을 받는다고 이야기하면, 율법이 쓸모가 없고 우리가 굳이 옥토가 될 필요도 없지 않습니까? '씨 뿌리는 비유'가 '네가 옥토가 되면 내가 결실케 해 주겠다' 하는 이야기가 아니듯 말입니다.

우리는 이미 믿는 자이기 때문에 이 대목이 아무래도 좋을 수 있습니다. 이 대목을 율법의 관점에서 해석해야 하는지, 은혜의 관점에서 해석해야 하는지 사실 잘 모릅니다. 아무 때나 그때그때 잘한다 싶으면 은혜를 왕창 주장했다가 또 조금 느슨해졌다 싶으면 율법을 왕창 주장합니다. 성도들이 "목사님, 왜 그렇게 이랬다저랬다 하십니까?" 하고 물어 오면 그제야 잠시 돌아볼 뿐, 율법이든 은혜든 편한 대로 갖다 붙입니다. 말이 안 되어도 찬찬히 이해하려 하지 않고 그냥

다 갖다 쓰기 바빠 그렇게 되어 버린 것입니다. 그렇게 살면 하루하루 시간이 흘러가기만 할 뿐, 신앙이 자라나지 않습니다. 율법의 관점에서 들여다보아도 할 말이 없고 은혜로 들여다보아도 자신에 대해 알 수가 없습니다. 율법을 들이밀면 버겁다며 징징대기 바쁘고 은혜를 강조하면 실은 자신도 잘 믿지 않으면서 공허한 이야기를 주고받을 뿐입니다. 그러니 다시 확인해야 합니다.

우리가 예수를 어떻게 알게 되었습니까? 살아났기 때문에 알게 되었습니다. 요한복음 9장에 나온 '실로암 사건'을 보면, 날 때부터 맹인인 사람을 예수님이 고쳐 주시는 장면이 나옵니다. 그 맹인에게는 어떤 변화가 일어났습니까? 안 보이던 것이 보이게 되었습니다. '보는 것'이 무엇인지 이제 압니다. 지금 우리가 바로 그런 지점에 와 있습니다. 그러나 아직은 율법이 가진 역할과 우리가 받은 은혜, 이 둘을 구분하지 못합니다. 우리는 은혜 받은 대로 말씀을 증언하지만 이것이 문맥이나 정황 속에서 구체적으로 적용하거나 한 걸음 나아간 차원에서 깊이 있게 들어가지는 못합니다.

우리는 신자의 정체성을 결과로만 확인하는 경향이 있습니다. 외적 성공과 실패에 집착하다가 벽에 부딪힙니다. 부흥 시대와 달리, 오늘날에는 하나님이 외적인 복을 거두어 버리셨기 때문에 이제 남은 것은 없습니다. 자신의 신앙 역시 확인할 길이 없어졌습니다. 우리의 사명, 더 나아가 기독교 신앙에 대한 이해와 하나님이 우리에게 살라고 하시는 현실 전체가 막막해졌습니다. 그러니 주일만 되면 죽고 싶은 심정으로 강단에 섭니다. 전할 메시지가 없는 것입니다.

6

저항하는 자들과 거부하는 자들로 말미암아 복음이 온 인류에게 넘쳤다고 합니다. 이것이 기독교의 신비입니다. 잘잘못, 상과 벌, 옳고 그름으로 딱 갈라서 비교할 수 없습니다. 그 모든 것이 적대 관계나 모순 없이 다 묶입니다. 이것이 예수로 말미암은 놀라운 기적 곧 구원입니다. 여기에 하나님의 은혜가 있습니다. 그런데 이 문제를 못 푸는 바람에, 성경에서 단어만 끌어올 뿐 성경의 메시지가 가진 깊이를 잘 담아내지 못합니다. 이것을 어디에 담아야 할까요? 잘하는 사람들은 인문학에 담습니다. 그래서 인용을 많이 합니다. 유명한 철학자나 문호들의 이야기를 곁들여 설교합니다. 하지만 말씀을 그런 식으로 풀어가려 하지 말고 현실, 실존, 지금 직면한 절망과 분노와 의심을 정면으로 응시하며 증언해야 합니다. 어떻게 증언해야 할까요? 예수같이 해야 합니다.

예수는 무엇을 위해 오셨습니까? 우리를 옥토로 만들려고 오셨습니다. 우리를 결실하게 하려고 오신 것입니다. 예수님 자신이 옥토가 되어 우리를 결실해 내고, 또한 우리를 옥토로 바꾸려고 오셨습니다. 우리를 옥토가 되게 하여 결국 우리로 무엇을 결실하도록 하실까요?

비유로 설명해 보겠습니다. 여기 제 손에 들고 있는 것이 무엇입니까? 컵입니다. 여러분이 '컵'이라고 대답한 이유는 이 컵 안의 내용물을 못 봐서 그렇습니다. 사실 이 안에는 유자차가 들어 있습니다. 제게 손님이 찾아오면 유자차를 컵에 담아 대접할 것입니다. 그런데 손님이 컵만 쓱 보고서는 "아니, 유자차를 주신다더니 컵을 주십니까?"라고 하지는 않을 것입니다. 이렇게 말하는 사람은 없습니다. 이 컵과 같은 역할을 하는 것이 바로 컨텍스트입니다. 컵은 컨텍스트이고, 유자차는 텍스트입니다.

텍스트가 컨텍스트에 들어옵니다. 그래서 사람들이 봅니다. "말씀이 육신이 되어 우리 가운데 거하시매 우리가 그의 영광을 보니 아버지의 독생자의 영광이요 은혜와 진리가 충만하더라"(요 1:14). 성육신 사건과 십자가 사건은 문맥 속에,

정황 속에 예수가 들어오심으로써 예수를 몰라본 우리를 하나님이 구원해 내시고 옥토로 고쳐 결실하신 사건입니다. 그래서 우리가 구체적 역사 속에서 그 결실을 보게 되었습니다. 하나님이 시간과 공간 속에 들어와 우리로 하나님을 볼 수 있게 하셨고, 이 성육신 사건을 통해 우리가 받은 은혜가 하나님이 구체적으로 일하신 결과라고 확신하게 하십니다. 그것이 역사입니다.

아브라함에게 하신 약속도 아브라함의 인생과 역사에 담으셨고, 다윗에게 하신 약속도 다윗의 실존과 역사에 담으셨습니다. 하나님은 지금도 그렇게 우리 생애와 실존에 당신의 약속과 일하심을 담으십니다. 그래서 목회자인 우리로 하여금 결실할 수 없는 땅에 씨를 뿌리게 하십니다. 우리에게 그 씨를 결실하라고 뿌리게 하시는 것이 아니라, 이 씨가 우리 안에 들어오면 우리 모두를 바꾸고 결실하게 한다고 하십니다.

땅에 씨를 심어 그 씨가 자라면 땅의 정체가 바뀝니다. 땅에 꽃씨를 심어 꽃이 피면 그 땅을 '꽃이 핀 밭'이라고 부르지 않고 '꽃밭'이라고 부릅니다. 땅이 그 꽃씨를 키워 꽃을 피우느라 땅 전체가 꽃, 꽃밭이 된 것입니다. 땅에 꽃이 피면 그 땅의 속성이 바뀌어 '꽃밭'이라고 불리게 되듯, 우리 안에 예수를 품으면 우리의 정체성은 '예수 믿는 사람'이 되는 것입니다.

예수를 믿으면 그리스도인이라 불립니다. 우리라는 존재가 '아무개'로 불리지 않고 예수 믿는 사람, 즉 '그리스도인'으로 불리는 것입니다. 옥토에 맺힌 결실은 밭의 결과물일 뿐만 아니라 밭의 속성을 결정짓습니다. 이 컵을 컵이라고 하지 않고, 유자차로 부르듯이 말입니다. 하나님이 우리 생애에 당신을 담으시는 일과 우리를 만들어 가시는 일도 그렇습니다. 하나님이 우리를 부르실 때에는 어떤 결과물이나 업적을 이루어 내는 데에 목적이 있지 않습니다. 우리를 불러 예수 안에서 당신의 형상대로 창조한 자의 복과 영광으로 우리를 빚어내는 데에 목적이 있습니다. 성육신 사건과 십자가 사건을 통해 하나님 당신이 영광을 받으신 것처럼 우리 생애 역시 그렇게 사용하기를 원하십니다. 그래서 예수가 하신 일을 우리도 하게 하여 예수의 뒤를 좇게 하십니다. "내가 진실로 진실로 너희에게 이르노니 나를 믿는 자는 내가 하는 일을 그도 할 것이요 또한 그보다 큰 일도 하리니 이는 내가 아버지께로 감이라"(요 14:12). 이렇게 분명히 약속하셨습니다. 예수님은 "당신이 예수라고?" 하며 시비 거는 말에 대꾸하지 않으셨습니다. 대신 우리를 변화시키며 우리로 또 다른 변화를 일으키게 하는 일에 모든 것을 다 쏟아부으셨습니다. 성육신이라는 구체적 방법으로 말입니다. 그렇게 이 씨는 밭의 성질을 바꾸고 결실케 하여 그 밭이 낸 열매의 이름으로 불리게 되는 명예를 주십니다. 그런 자리까지 우리를 초대하십니다.

우리의 고난은 이런 일이 이루어지는 과정입니다. 기적에 참여하는 것이며, 현재 일어나는 실재가 하나님의 일하심이라고 증언하는 자리입니다. 역사 속에, 현실 속에, 현재 내가 있는 자리에서 하나님의 손길이 되는 것입니다. 이것을 모르면 결과에 연연하게 됩니다. '씨 뿌리는 비유'가 다만 열매의 유무로 사람을 구별하여 심판하고 마는 이야기라면, 우리는 다시 율법주의와 능력 위주의 삶으로 자신을 점검하는 자리로 돌아가야 할 것입니다. 성경은 이 비유를 들어 그런 이야기를 하려는 것이 아니라 기적이 일어났다고 이야기하는 것입니다.

7

로마서 1장에 가 봅시다.

내가 복음을 부끄러워하지 아니하노니 이 복음은 모든 믿는
자에게 구원을 주시는 하나님의 능력이 됨이라 먼저는 유대
인에게요 그리고 헬라인에게로다 복음에는 하나님의 의가
나타나서 믿음으로 믿음에 이르게 하나니 기록된 바 오직 의
인은 믿음으로 말미암아 살리라 함과 같으니라 **(롬 1:16–17)**

복음은 믿음의 문제입니까, 능력의 문제입니까? 또한 믿음은
우리의 책임입니까, 은혜에 속하는 것입니까? 은혜에 속하는
것이라고 줄곧 배웠을 것입니다. 그래서 늘 입으로는 '은혜
에 속하는 것'이라고 말하지만, 그럼에도 '믿어야 한다'는 것
은 우리에게 율법으로 다가옵니다. 그런데 성경은, 복음은 믿
는 자에게 구원을 주시는 하나님의 능력이며 믿음은 선택과
결정의 문제가 아니라 하나님의 능력이라고 이야기합니다.

그렇다면 왜 여기서 믿음이 나올까요? 구원을 이루는 데에
인간의 능력이나 의지가 조건이 되지 않는다는 사실을 설명
하려고 믿음을 이야기하는 것입니다. 즉 구원을 위해 일하시
는 하나님의 방법을 강조하는 말이 바로 믿음입니다. 그런데
우리에게는 믿음이 또 다른 조건이 되고 말았습니다. 기댈만
한 가치 있는 것을 선택하는 일에 불과해졌습니다. 믿음은
구원을 이루는 하나님의 방법이자 하나님의 능력입니다. '예

수를 믿는다'는 말은 '하나님의 능력이 구원한다'는 말의 다른 표현입니다.

구원은 하나님이 홀로 이루시고, 얻은바 구원에서 우리 믿음은 자랍니다. 하나님의 능력이 우리를 바꾸어 가기 때문입니다. '씨 뿌리는 비유'에서 보듯 우리는 길가이고 돌밭이고 가시떨기에 불과한 존재인데, 하나님의 능력이 우리를 구원하고 변화시켜 옥토가 되게 합니다. 우리가 변하고 우리의 믿음이 자랍니다. 이 믿음은 옥토로 변화된 이후에 따라오는 당연한 결과이자, 신자에게는 책임으로 요구되는 과정입니다. 그런데 이 믿음과 앞서 하나님의 방법이라고 언급된 믿음, 이 둘이 '믿음'이라는 같은 단어로 쓰였다는 점 때문에 우리는 늘 헷갈립니다.

믿음이 없는 것과 믿음이 어린 것은 다릅니다. 믿음이 있으면 모든 것을 해결하는 것이 아니라 믿음이 있어도 약하면 어떤 것은 해내지 못합니다. 순교하지 못한 사람은 가짜여서가 아니라 믿음이 약한 자들이었습니다. 믿음이 강한 자들, 특히 그중 병약한 사람들이 순교했습니다. 첫 고문에서 다 죽어 버린 것입니다. 그런 사람들이 순교했고, 끈질기게 남은 사람은 버티고 버티다가 배신했습니다. 견디지 못해 배신할 수밖에 없었을 것입니다. 그런데 우리는 순교자만 영웅으로 추켜세우고 명분을 내세워 버립니다. 그러자 과정이 없어져 버렸습니다. 믿음이 자라나는 과정, 온갖 경우를 겪어 내는 과정이 없어졌습니다.

믿음이 가져오는 것은 확신이 아니라 의심입니다. 의심도 믿음에서 나옵니다. 왜 그럴까요? 손에 잡히지 않아서, 결과를 자기가 조작할 수 없어서 그렇습니다. 하나님이 우리 기대와는 다른 길로 인도하시기 때문에 우리는 늘 원망하고 의심하고 불만을 품습니다. 그런데 이 믿음이 우리 평생에 걸쳐 자랍니다. 이스라엘이 그리했듯이, 우리의 실패, 우리의 후회, 우리의 한숨, 우리의 분노 역시 믿음이 자라나는 과정에서 나타나는 당연한 현상입니다. 이 현상을 다룰 줄 몰라서 고함만 지르게 된 것입니다. 차근차근 해 나가야 할 일인데 말입니다.

성경에 자주 등장하는 수사법은 모순과 역설입니다. '살고자 하면 죽고 죽고자 하면 산다.' 이 역설은 십자가에서 가장 극명하게 드러납니다. 성경에서 모순이나 역설로 이야기하는 이유는 긍정적 조건뿐만 아니라 부정적 조건도 하나님이 승리와 영광으로 결실하실 수 있음을 강조하기 위해서입니다. 하나님의 일하심은 우리가 아는 방법, 우리가 하는 상상, 우리가 가진 능력보다 크다, 그리고 그 결과는 분명하다, 자기 아들을 아끼지 않고 우리를 위해 다 주셨는데 무엇을 더 아끼시겠느냐, 로마서 8장은 이렇게 증언합니다.

그러니 넉넉하게 사십시오. 현재 우리는 하나님이 신자를 만들어 가시는 과정 즉 믿음으로 구원하시고 그 믿음을 신자에게 키우시는 과정에 있습니다. 하나님은 그 믿음이 우리 것이 되게 하려고 우리 일상에 도전하십니다. 그 일상에서 우리는 넘어지고 자빠지면서 자랍니다. 1학년 때도 1등하고, 2학년 때도 1등하고, 3학년 때도 1등하고, 그렇게 죽 잘나가야만 되는 것이 아닙니다. 돌이켜 보니 그때 공부 안 하고 대학 떨어지고 재수해서 겨우 대학에 들어간 것이 복이었다고 고백하는 자리에 오게 될 것입니다.

이런 역설은 예수 믿는 이들에게만 있습니다. 세상에서는 그렇게 살면 망한다고 합니다. 교회에서 하는 간증을 떠올려 보십시오. 간증할 때는 옛날에 자기가 얼마나 나쁜 놈이었는지를 자랑스럽게 늘어놓습니다. 그 시절 저지른 못난 짓과 지금 서 있는 자리가 확연한 대조를 이룹니다. 사실 간증이란 말이 안 되는 이야기입니다. 누군가 하는 간증을 들어 보면, 지금 서 있는 자신의 자리를 전제해 둔 채 과거에 한 나쁜 짓들을 계속 나열합니다. 이런 모습을 제3자가 들여다보면 저것들은 조폭인가, 저기 웬 나쁜 놈들이 모여서 저런 이야기를 자랑스럽게 하고 있나 하며 의아해할 것입니다. 그러나 그 모든 못나고 잘못한 짓들이 오늘의 나를 만들었다, 지금 서 있는 자리에서 돌아보니 그 모든 것이 손해가 아니었다, 이렇게 고백하는 날이 올 것입니다.

그렇다면 계속 나쁜 짓을 하며 살아도 될까요. 우리의 이런 오해에 대해 로마서 6장 1절이 답을 줍니다. '은혜를 더하게 하려고 죄에 거하겠느냐 그럴 수 없느니라.' 우리가 잘못한 것으로도 하나님이 유익하게 하신다, 우리가 예수를 죽였으나 그 죽임이 우리를 구원하시는 하나님의 방법이었다, 알았다면 이제 남은 삶을 가능한 한 명예롭게 살도록 힘써라, 이렇게 성경은 권면합니다. 이 권면은 '너희가 잘못하면 죽이겠다는 위협이 아니다. 하나님은 우리가 잘못한 것도 손해 보지 않게 하실 것이지만, 할 수 있다면 너희에게 주어진 그 삶을 명예롭게 살 기회로 여겨라. 그것이 최선이다. 일부러 못난 짓을 하며 살 필요가 있느냐. 왜 부끄러운 짓에 주저앉아 있느냐. 멋진 파티에 공짜로 초대받았으니 마음껏 즐겨라. 공짜니까 시시해서 안 가겠다며 진흙탕에 머무를 필요가 있느냐'로 읽힙니다. 우리에게 율법으로 겁을 주거나 우리를 잘잘못에 대한 심판으로 몰아가는 권면이 아닙니다. 명예롭게 살도록 부름받았으니, 로마서 12장에 나온 말씀처럼 악을 악으로 갚지 말고 선으로 악을 이기라, 악한 역할을 맡은 이들은 그냥 내버려 두고 너는 선한 역할을 맡은 대로 네 책임을 감당해라, 얼마나 명예로운 일이냐, 이 이야기입니다.

왜 하나님은 우리에게 이런 과정을 겪게 하실까요? 고민하고 실패하고 울고불고하는 과정을 겪게 하시는 이유는 나를 나 되게 하시려는 것입니다. 우리로 명예와 영광을 실제로 소유한 존재가 되게 하시려는 것입니다. 우리는 언제나 이보다 나은 길, 다른 방법은 없는가 하고 묻지만 하나님은 이 길이 최선이라고 하십니다. 우리가 생각하는 다른 방법은 쉬운 길로 가자는 타협에 불과합니다. 쉬운 길로 가자, 울고불고하는 길로는 가지 말자, 우리는 겨우 이런 생각뿐이지만 하나님은 고난이 최선의 길, 최고의 방법이라고 말씀하십니다. 눈물보다 더 많은 일을 하는 것이 없고 절망의 자리보다 더 큰 기적을 일구어 내는 자리도 없다고 하십니다. 사람은 그때 큽니다.

사람은 절망에 직면하면 인간에게 가장 큰 가치가 무엇인가를 생각하게 됩니다. 어느 철학자가 이야기했듯이, 절망에 직면한 인간이 자신의 정체성과 책임을 물을 때에 가장 먼저 떠오르는 생각은 자살입니다. 자살하면 책임도 없어지고 더 이상 고통도 없기 때문입니다. 그런데 그것은 너무 자명한 답이기 때문에 생각할 필요나 가치가 없습니다. 죽으면 아무것도 아닌데, 아무것도 아닌 것으로 가는 길은 생각할 필요가 없기 때문입니다. 이렇게 끝내서는 안 됩니다. 절망할 때에야 비로소 인간은 생각하고 고민하게 되기에 삶은 어떤 가치가 있는가, 하는 문제로 가야 합니다. '예수를 믿긴 믿었는데, 지옥 가면 어떡하나' 이런 걱정이 아니라 '하나님의 자녀로 부름을 받았으니 앞으로 어떻게 살아야 하는가' 하는 고민으로 가야 제대로 된 신자입니다. 혹시 오늘 못했더라도 벌벌 떨지 말고 내일은 좀 잘해 보겠습니다, 라고 다짐하는 자리로 나아가야 합니다.

　이런 맥락을 따라 부탁 하나 하겠습니다. 회개 좀 그만하십시오. 과거를 씻어 벗겨 내려 하지 마십시오. 오늘은 잘못했지만 내일은 한걸음 더 나아가겠습니다, 라고 기도하십시오. 완벽해지려고 결벽 떨지 말고, 하루를 살아가는 동안 그 무수한 기회 속에서 괜찮은 역할을 한 번 더 하며 예수 믿는 티를 내십시오. 예수 믿으세요, 말만 그렇게 하지 말고 표정 짓거나 반응할 때 예수 믿는 자답게 하십시오. 책임을 지고, 예의를 갖추어 대하고, 이웃을 격려하는 일에서 다른 사람보다 좀 더 낫게 굴어 보십시오. 이런 이야기가 로마서에 풍성하게 나옵니다.

특히 로마서 4장에 가면 이런 말씀이 나옵니다. '그가 믿은 바 하나님은 죽은 자를 살리시며 없는 것을 있는 것으로 부르시는 이시니라'(롬 4:17). 최고의 역설입니다. 없는 데서 있는 것을 만드시는 창조야말로 최고의 역설이며, 죽은 자를 살리는 일이야말로 최고의 반전입니다. 우리가 꺼려하는 모순, 우리가 싫어하는 절망, 이런 것들이 창조와 부활의 권능 앞에 모든 것이 합력하여 선을 이루는 매개가 됩니다. 이것이 이사야가 하는 증언이요, 우리 인생에서 반복되어 나타나는, 하나님이 당신의 백성을 기르시는 구체적 과정이자 현장입니다. 이 모든 컨텍스트, 모든 정황이나 조건, 형편 속에서 하나님이 일하십니다.

이사야서 끝부분에 가면 '일어나라 빛을 발하라'라는 말씀이 나옵니다. 서두에 언급한 하나님의 비전이 잘 드러나는 구절입니다. 이스라엘 역사를 알고 사건의 전후와 결말을 익히 알고 있는 우리는 이 구절을 제대로 읽어 내야 마땅합니다. 이스라엘은 직접 겪고 당하느라 이것이 무엇인지 정신없었을 것입니다. 또 앞서 죽은 자들은 뒤에 올 일을 모른 채 죽어 갔을 것입니다. 그들이 자기 시대밖에 살지 못해 깨달을 수 없었던 것을 우리는 역사로 가지고 있습니다. 또한 우리는 성경과 종말에 대한 약속 역시 갖고 있습니다. 그런 담대함과 분별이 지금 우리에게 요구되어 있습니다.

기도

하나님 아버지, 감사합니다. 하나님의 위대하심으로 우리
존재와 인생에 가치를 담으셨고 우리로 죽음을 극복한 소
망과 믿음 가운데 살도록 만드셨습니다. 천지를 창조하시고
사망을 뒤집으실 수 있는 하나님이 그 기적을, 그 목적을 우
리에게 함께하자고 하십니다. 명예와 영광을 감사하고 순종
하고 인내하고 충성하여 그 자랑을 우리 생애에 담아내는
우리의 사역되게 하여 주시옵소서. 예수님 이름으로 기도합
니다. 아멘.

2

기적

하나님이 예수에게 십자가를 지게 하여 구원을 이루신 것처럼 우리의 오해, 반발, 절망, 간절함 같은 것을 시간 속에 담아 우리를 빚어 가기를 기뻐한다고 말씀하십니다. 이것이 동정녀 탄생의 기적에 담긴 의미입니다. 시간을 뒤집으실 수 있는 하나님이 이미 결정된 우리의 운명과 결과를 일단 뒤로 미루어 놓으신 다음 우리로 인생을 살아 보게 하십니다.

10 여호와께서 또 아하스에게 말씀하여 이르시되 **11** 너는 네 하나님 여호와께 한 징조를 구하되 깊은 데에서든지 높은 데에서든지 구하라 하시니 **12** 아하스가 이르되 나는 구하지 아니하겠나이다 나는 여호와를 시험하지 아니하겠나이다 한지라 **13** 이사야가 이르되 다윗의 집이여 원하건대 들을지어다 너희가 사람을 괴롭히고서 그것을 작은 일로 여겨 또 나의 하나님을 괴롭히려 하려느냐 **14** 그러므로 주께서 친히 징조를 너희에게 주실 것이라 보라 처녀가 잉태하여 아들을 낳을 것이요 그의 이름을 임마누엘이라 하리라 **15** 그가 악을 버리며 선을 택할 줄 알 때가 되면 엉긴 젖과 꿀을 먹을 것이라 **16** 대저 이 아기가 악을 버리며 선을 택할 줄 알기 전에 네가 미워하는 두 왕의 땅이 황폐하게 되리라 **17** 여호와께서 에브라임이 유다를 떠날 때부터 당하여 보지 못한 날을 너와 네 백성과 네 아버지 집에 임하게 하시리니 곧 앗수르 왕이 오는 날이니라 (사 7:10-17)

저 유명한 '임마누엘의 약속' 즉 '처녀가 잉태하여 아들을 낳을 것이요 그의 이름을 임마누엘이라 하리라' 하는 약속이 선포되는 본문입니다. 이 약속에는 아람과 북 이스라엘이 심판을 받게 될 것이라는 경고가 등장합니다. 그 외에도 이사야서에는 하나님이 이스라엘의 적국들을 어떻게 심판하실 것인가 하는 이야기가 중간중간 나옵니다. 에돔의 심판, 모압의 심판, 앗수르의 심판에 대한 경고가 등장하는데, 이들 이야기를 통해 '국가와 인류의 궁극적 운명을 좌우하는 것은 권력이 아니다'라는 이사야서의 전제를 알게 됩니다. 이사야서를 설교하고자 한다면, 매 장을 빠짐없이 강해하기보다는 이렇게 전체를 보는 큰 그림, 역사라는 무대 위에 펼쳐진 본문을 볼 줄 아는 안목이 필요합니다.

이사야서를 읽다 보면 역설을 자주 만나게 되는데, 앞서 이사야 6장에 나온 이사야의 소명에서 본 바와 같습니다. "네가 가서 전해도 그들은 못 알아들을 것이다. 그들은 보아도 모르고 들어도 모를 것이다"라는 정황으로 이사야가 보냄 받은 일이 예수에게서 어떻게 성취되는가를, 마태복음 13장에 나온 '씨 뿌리는 비유'를 통해 지난 장에서 확인해 보았습니다.

1

'임마누엘의 약속'이 주어진 이사야 7장의 정황은 이렇습니다. 남 유다의 아하스 왕 때에 북 이스라엘 에브라임과 아람이 연합하여 쳐들어옵니다. 이러한 국가 존망의 위기에 이 예언의 말씀이 주어집니다. "이제 저 북 왕조 이스라엘 에브라임과 아람은 곧 망할 것이다. 그러니 겁내지 마라. 그들이 망할 징조를 이제 보이겠다. 그 징조는 이것이다. 어떤 처녀가 잉태하여 아들을 낳을 것인데, 그 아들이 선악을 알기 전 곧 철들기 전에 그 두 왕의 땅이 황폐하게 될 것이다." 여기서 '그 아들이 선악을 알기 전'이라는 대목은 시간을 염두에 둔 표현입니다. '어떤 처녀가 이제 시집을 가서 애를 낳아 그 애가 열두 살가량 되기 전' 즈음 되는 때를 가리킵니다. 그 무렵에 저 두 나라가 망할 것이라는 예언입니다. 우선 이 예언이 직접 가리키는 바는, 이 짧은 기간 안에 두 나라가 멸망한다는 이야기인데, 신약은 이를 처녀 곧 동정녀가 애를 낳는 것으로 이 예언이 성취되고 그 낳은 아이가 여기서 말한 '임마누엘'이라는 이름의 주인공이다, 라는 데까지 나아갑니다.

우리가 성경을 읽을 때 이 대목이 사실에 대한 기록인가, 그렇지 않으면 종교적 표현인가를 놓고 다투는데, 그런 논쟁을 떠나 우선 이런 생각을 해 봅시다. 구약에서는 분명 '아직 시집 안 간 어떤 처녀가 시집가서 애를 낳고 그 애가 한 열두 살쯤 될 때까지'라는 의미로 쓰인 예언이 왜 신약에 와서는 처녀 즉 혼자서는 아이를 가질 수 없는 동정녀가 아이를 낳았다는 초월성을 의미하는가, 하는 이런 둘 사이의 모순, 어떤 말이 안 되는 것에 무엇이 담겨 있느냐 하는 것입니다.

처녀가 혼자서 아이를 가질 수 있느냐는 질문 앞에 우리는 예수의 동정녀 탄생은 기적이다, 라고 말하는데 급급합니다. 물론 기적 맞습니다. 그런데 기적은 이외에도 무수히 많습니다. 각각의 기적은 경우마다 독특하고 풍성한 내용을 담고 있는데, '동정녀 탄생 사건'을 그저 기적이라고 떠들고 마는 바람에 이 기적에 담긴 의미와 가치는 발견하지 못하고 있습니다.

이사야 7장에 등장한 '임마누엘의 약속'에서 언급된 '처녀가 잉태하여 아들을 낳을 것이요……대저 이 아이가 악을 버리며 선을 택할 줄 알기 전에'라는 표현은 '어떤 시간 내에', '얼마만큼 지나 한 20년 내에' 이런 의미입니다. 그런 의미로 읽으면 '이 아이가 악을 버리며 선을 택할 줄 알기 전에 네가 미워하는 두 왕의 땅이 황폐하게 되리라'라는 표현은 '20년 내에 저 두 나라가 망한다'라는 의미일 뿐입니다. 단지 시간을 가리키는 이 징조가 신약에 와서는 '예수가 동정녀의 몸에서 나왔다'로 성취됩니다. 이 예언을 어떻게 이해해야 할까요. 이 속에 무엇이 담겨 있을까요.

2

로마서 5장을 봅시다.

> 그러므로 우리가 믿음으로 의롭다 하심을 받았으니 우리 주 예수 그리스도로 말미암아 하나님과 화평을 누리자 또한 그로 말미암아 우리가 믿음으로 서 있는 이 은혜에 들어감을 얻었으며 하나님의 영광을 바라고 즐거워하느니라 다만 이뿐 아니라 우리가 환난 중에도 즐거워하나니 이는 환난은 인내를, 인내는 연단을, 연단은 소망을 이루는 줄 앎이로다 소망이 우리를 부끄럽게 하지 아니함은 우리에게 주신 성령으로 말미암아 하나님의 사랑이 우리 마음에 부은 바 됨이니 우리가 아직 연약할 때에 기약대로 그리스도께서 경건하지 않은 자를 위하여 죽으셨도다 **(롬 5:1-6)**

5절에 나온 '소망이 우리를 부끄럽게 하지 아니함은'과 같은 말씀이 등장하는 이유를 앞 구절들에서 발견할 수 있습니다. 1절에서 보듯, '우리 주 예수 그리스도로 말미암은 하나님과의 화평', 2절에 나온 '믿음으로 서 있는 은혜에 들어감' 그리고 '하나님의 영광을 바라는 즐거움', 이어서 3절에 등장한 '환난 중에도 즐거워하는' 현실 때문에 등장합니다. 예수로 말미암은 하나님과의 화평, 은혜로 말미암아 얻게 된 하나님의 영광을 바라는 기쁨이 주어진다는 약속이 성취되는 자리가 현실 곧 환난이라고 이야기함으로써, 우리 기대와는 다른 상황이 펼쳐지고 있습니다. 예수 믿고 회개하고 감격하고 헌신하면 만사형통하는 삶이 펼쳐지는 것이 아니라 환난이라는 정황 속으로 떠밀리고 떠밀린다, 그래도 그것이 기쁨이다, 라는 이야기를 들으면 우리는 기가 탁 막힙니다. 예수로 말미암는 화평을 맛보고 예수의 부활에 감격하고 성령 충만이 약속된 신자의 인생이 왜 환난 속으로 들어가야 하는가, 이 대목을 우리는 아직도 풀어내지 못했기 때문입니다.

환난이 무엇을 이룬다고 말씀합니까? 환난은 인내를, 인내는 연단을, 연단을 소망을 이룬다고 합니다. 참으로 말이 안 되는 이야기입니다. 이 소망이 확실한 이유를 또 다른 말씀에서 찾아봅시다.

소망이 우리를 부끄럽게 하지 아니함은 우리에게 주신 성령으로 말미암아 하나님의 사랑이 우리 마음에 부은바 됨이니 우리가 아직 연약할 때에 기약대로 그리스도께서 경건하지 않은 자를 위하여 죽으셨도다 의인을 위하여 죽는 자가 쉽지 않고 선인을 위하여 용감히 죽는 자가 혹 있거니와 우리가 아직 죄인 되었을 때에 그리스도께서 우리를 위하여 죽으심으로 하나님께서 우리에 대한 자기의 사랑을 확증하셨느니라 (롬 5:5-8)

바울은 소망이 우리를 부끄럽게 하지 않을 것이라고 어떻게 확신할 수 있었을까요? 바로 인간의 조건이나 자격에 좌우되지 않는 하나님의 약속 때문입니다. 우리가 아직 죄인이었을 때 예수 그리스도의 죽음으로 말미암아 우리의 구원이 이루어졌습니다. 이 대목에서 시간에 대한 이해가 필요합니다. 예수는, 우리가 믿었거나 구원을 요청했거나 자기 영혼의 필요를 깨달았을 때가 아니라 우리가 아직 죄인일 때에 우리를 위해 이미 죽으셨습니다.

'예수의 죽음과 부활'이라는 역사적 사건이 이천 년 전에 일어남으로써 우리가 어떤 식으로 반응할 수도, 선택할 수도, 이해할 수도 없었던 때에 구원은 완성됩니다. 더 흥미로운 점은 하나님이 이천 년 전에 예수 안에서 우리를 구원하신 다음 우리를 태어나게 하시는데, 태어날 때는 죄인으로 출생하게 한다는 사실입니다. 아무리 예수를 잘 믿는 부모에게서도 의인으로 태어나는 자녀는 없습니다. 다 죄인으로 태어납니다. 구원이 필요치 않은 사람으로 태어나는 자녀는 없는 법입니다. 교회에서 유아세례를 주는 것은 갓 태어난 아이에게도 하나님의 구원과 은혜가 필요함을 인정하고 고백하기 때문입니다.

그렇다면, 죄인으로 태어난 사람들에게 주어지는 메시지는 어떤 의미일까요? 아담은 실패했고 아담의 실패를 예수가 오셔서 만회해 놓았다, 이제 이 선물을 네가 받아들이면 구원을 누리겠지만 외면하면 지옥에 갈 것이다, 그러니 구원은 네 책임이다, 이런 말일까요? 그렇지 않습니다. 구원을, 우리가 믿을지 말지 모를 일을 위하여 예수님이 세컨드 찬스를 만들어 놓으신 것에 불과한 이야기라고 생각한다면, 이는 성경이 말하는 구원이 무엇인지 전혀 모르는 것입니다. 전도할 때에 상대방의 결단을 촉구하고 책임을 강조하는 권면은 할 수 있지만, 그렇다고 인간의 책임이나 결단이 구원의 이유가 될 수는 없습니다. 우선, 시간상 말이 되지 않습니다. 예수의 십자가와 부활이 구원을 완성한 것이 아니라 단지 구원의 가능성을 열어 놓은 정도에 불과하다면, 이는 성경이 이야기하는 바와 전혀 다릅니다. 하나님이자 인간이신 예수가 죽음을 이기고 부활했다는 사실이 전 인류를 향한 하나님의 뜻을 완성한 사건으로 이해되지 않고, 그저 구원의 가능성을 열어 둔 사건에 불과하게 되기 때문입니다.

이단은 어떤 말로 공격해 옵니까? '네 인생이 고달픈 것은 네가 제대로 믿지 않아서 그렇다. 예수는 구원을 시작하기만 했을 뿐 완성은 네 몫이다.' 이런 공격을 보며 그건 아니라고 생각하면서도 우리 역시 이 문제를 아직 제대로 이해하지 못하고 있습니다. 이것도 아니고 저것도 아니다를 아는 나는 진짜인데, 자신이 진짜임을 증명할 수가 없는 것입니다. 아니라고만 이야기할 뿐 제대로 된 설명은 하지 못합니다.

하나님은 전 인류의 운명을 미리 정해 놓고 그 운명과 인생을 인류에게 보이신 다음, 오늘 우리에게 비교해 보라고 하십니다. 아담이 선택한 불순종 그리고 불순종의 결과인 죄 가운데 사는 삶을, 죄인으로 태어났으나 예수를 만나 예수 안에서 허락된 구원을 누리는 삶과 비교해 보라는 것입니다. 누가 승리합니까? 아담입니까, 예수입니까? 예수가 이깁니다. 왜 예수가 이길까요? 예수의 승리는 역사적 사건이기 때문입니다. 이미 일어난 역사적 사건이기에 취소될 수 없습니다. 우리의 운명이 달라지려면 예수의 십자가 사건이 취소되어야 합니다. 그러나 예수의 십자가는 역사적 사건이므로 취소될 수 없습니다. 하나님은 취소될 수 없는 사건을 전제해 둔 채, 우리에게 시간을 주시며 한번 살아 보라고 하십니다. 되냐 안 되냐를 해 보라는 것이 아닙니다. 결론이 어떻게 나는지를 보자는 것이 아니라 그 과정을 함께하자는 것입니다.

이 과정이 왜 필요한지 우리는 묻고 싶습니다. 어차피 결국 승리할 신자의 운명이라면 무엇 때문에 아담의 후손으로 태어나게 하셔서 예수 안에서 구원을 얻게 하시며, 그렇게 구원 얻은 이후에도 그 둘 사이에서 갈등하며 '오호라 나는 곤고한 사람이로다'라는 비명이 터지는 인생을 왜 살아가게 두시는가, 라고 말입니다. 여기가 앞에서 언급한 이 둘, 곧 이사야 7장의 예언과 이 예언을 '처녀가 잉태하여 아들을 낳았다'로 성취한 신약의 메시지의 간극을 이해할 수 있게 하는 자리입니다. 이렇게 하나님은 우리에게 시간을 허락하셔서 예수 안에서 이루어진 일이 무엇인가와 예수를 믿고도 환난 속에 있다는 것이 무슨 뜻인가를 이해하게 하십니다. 우리가 경험하는 시간은 '어떤 처녀가 좋은 사람을 만나 시집가서 애를 낳고 그 애가 철이 드는 나이까지'인데, 하나님은 그 아이를, 처녀가 낳기도 전에 이미 여기다 둘 수 있다는 것입니다.

어떻게 이 일이 가능할까요? 시간이 하나님의 창조물이기에 가능합니다. 공간의 기적을 믿는다면 시간의 기적도 믿을 수 있습니다. 구약의 많은 예언이 무엇을 이야기하는 것일까요? 미래는 하나님의 손에 있다, 하나님의 약속이 운명이 된다, 라는 것입니다. 어떤 처녀가 혼인하고 시간이 흘러 애를 낳는 것은 일반은총 속에 드러난 하나님의 통치지만, 창조와 더불어 부활을 허락하신 하나님의 권능은 이 아이를 이 모든 사건 앞에 놓을 수 있다고 이야기합니다. 다윗이 예수를 주라고 불렀던 것과 마찬가지입니다. 다윗이 선조인데도 말입니다.

하나님의 손안에서는 시간도 역전될 수 있습니다. 그러니 믿음은 결과가 나오기 전에 이미 우리에게 준 약속을 바라는 것입니다. 이 결과를 만드는 일에 가장 중요한 요소는 나라는 존재일 텐데, 하나님은 나의 실패, 나의 변덕, 나의 어리석음에도 불구하고 나의 조건을 가지고 그 결과를 만들어 주겠다, 그렇게 말하십니다. 이것이 성경의 약속입니다. 우리와 무관하게 만드시리라 생각합니까? 그렇지 않습니다. 우리와 함께 만드십니다. 우리의 실패와 어리석음을 어떻게 녹이실지 우리는 알 수 없지만 하나님은 결국 그렇게 만드시겠다고 합니다.

어제가 오늘을 만들고 오늘이 내일을 만듭니다. 그렇습니다. 이런 순서로 흘러가는 것이 시간입니다. 과거는 아무리 원망해 보았자 돌이켜서 고칠 수가 없습니다. 그런데 나중에 우리가 철이 들면 옛날에 한 실패가 소중하게 여겨지는 날이 올 것입니다. 당시는 그 실패가 그저 손해 보는 일처럼, 두고두고 후회할 일처럼 여겨졌는데 말입니다. 학교 다닐 때 성실하게 공부하지 않은 것도 그중 하나입니다. 나중에 보면, 공부 잘했던 사람들보다 열심히 안 했던 사람이 더 많이 철들었음을 발견하게 됩니다. 소위 공부깨나 했다는 사람들은 '공부 잘했냐, 못했냐'를 따지는 기준 말고는 아무것도 모르는 사람들입니다. 공부 못한 자의 회한과 속 깊음을 전혀 모르더란 말입니다. 실패한 자만이 가질 수 있는, 정답만으로는 다 담아낼 수 없는 그런 속 깊음이 우등생에게는 없습니다.

물론 그렇다고 해서 '공부를 못할수록 훌륭해진다'라고 단정할 수는 없습니다. 학창시절에 공부 못한 것이 무슨 자랑이겠습니까? 공부를 잘해야 훌륭해지겠지만, 잘잘못을 넘어서 있는 하나님의 은혜가 담기지 않는 한, 인생의 성공은 무의미합니다. 하나님이 은혜를 담고자 하시면 어디에나 담으실 수 있습니다. 대표적인 것이 십자가입니다.

3

십자가는 실패입니다. 가장 큰 수치이자 가장 큰 형벌입니다. 그런 십자가가 기독교에서는 가장 큰 자랑과 영광의 상징이 되었습니다. 세상 사람의 눈으로 볼 때나 역사와 자연세계의 상식으로 볼 때에 십자가는 가장 비참한 것인데 말입니다. 하지만 하나님이 거기에 부활을 담으셔서 십자가가 더 이상 절망도 부끄러움도 아니게 하셨습니다. 하나님이 예수에게 십자가를 지게 하여 구원을 이루신 것처럼, 우리의 오해, 반발, 절망, 간절함 같은 것을 시간 속에 담아 우리를 빚어 가기를 기뻐한다고 말씀하십니다. 이것이 동정녀 탄생의 기적에 담긴 의미입니다. 시간을 뒤집으실 수 있는 하나님이 이미 결정된 우리의 운명과 결과를 일단 뒤로 미루어 놓으신 다음 우리로 인생을 살아 보게 하십니다. 죄인으로 태어나 예수를 만나 발버둥치고 간절히 구하고 또 넘어지고 하는 것 속에서 현실의 위협을 견디게 하십니다. 궁극적 승리로 귀결될 우리의 운명을 이미 결정해 놓으신 다음, 태어나는 것은 지금 태어나게 하셔서 마치 내가 한 선택의 결과로 승리의 운명이 결정되는 것 같이 살아가게 하십니다. 그리하여 신앙이 다만 명분이거나 추상명사나 관념에 그치지 않도록 각자의 인생 속에서 내 나이, 내 피, 내 눈물, 내 살과 뼈로 몸소 부딪히며 살아 가게 하십니다.

우리는 죽어납니다. 고난도 싫고 시련도 싫고 다 싫습니다. 하지만 견뎌 낸 이 모든 것이 전부 우리의 실력이 됩니다. 일반적인 시간의 흐름을 묘사한 이사야 7장의 예언이 신약에 와서는 동정녀가 아이를 낳는 초월성으로 나타나는데, 성경이 이 둘을 묶음으로써, 우리에게 주어진 시간은 우리를 실패하게 하거나 괴롭히거나 혼란스럽게 하기 위함이 아니라고 가르칩니다. 이것이 기독교의 위대함입니다.

다른 종교는 이야기할 수 없는 위대함입니다. 시간이 만들어 내는 역사입니다. 시간이 만들어 내는 것은 무엇일까요? 하나님의 자녀들을 길러 냅니다. 하나님의 자녀들을 그저 생존하는 정도에 그치게 하지 않고 훈련하시고 이해시키시고 항복시키셔서 성숙한 사람으로 길러 내십니다. 마침내 우리 입술로 "하나님 내 아버지여, 주 예수 안에서 나를 사랑하시는 것과 내 인생이 귀하다는 것을 믿습니다. 하나님의 사랑이 있기에 내가 결코 패배하지 않을 것입니다. 설령 넘어진다 하더라도 다시 일어나겠습니다. 내 인생을 주 예수의 이름을 의지하여 하나님의 자녀답게 살겠습니다"라고 고백하게 하십니다.

이사야의 끝부분에 가면 이 문제를 좀 더 확대하여 조망하는 자리까지 갈 것입니다. 이러한 일 곧 우리가 겪는 환난과 우리의 자책이 일한다는 것을 성경은 약속해 주며, 특히 '동정녀 탄생' 사건은 이 약속을 잘 보여 줍니다. 하나님은 지금이라도 우리가 원하는 결과를 얼마든지 허락해 주실 수 있습니다. 하지만 하나님은 우리에게 옥수수를 튀겨 겨우 팝콘 하나 쥐여 주려는 것이 아니라 해마다 옥수수 열매를 딸 수 있는 나무를 키우게 하십니다. 이사야 11장에 가 봅시다.

> 그 때에 이리가 어린 양과 함께 살며 표범이 어린 염소와 함께 누우며 송아지와 어린 사자와 살진 짐승이 함께 있어 어린 아기에게 끌리며 암소와 곰이 함께 먹으며 그것들의 새끼가 함께 엎드리며 사자가 소처럼 풀을 먹을 것이며 젖 먹는 아이가 독사의 구멍에서 장난하며 젖 뗀 어린 아이가 독사의 굴에 손을 넣을 것이라 내 거룩한 산 모든 곳에서 해 됨도 없고 상함도 없을 것이니 이는 물이 바다를 덮음 같이 여호와를 아는 지식이 세상에 충만할 것임이니라 (사 11:6-9)

하나님 나라, 그 영원한 나라의 복됨과 평화와 승리를 예언한 말씀입니다. 이것이 조금 전에 한 이야기와 어떻게 연결되는지 살펴봅시다. 로마서 8장입니다.

생각하건대 현재의 고난은 장차 우리에게 나타날 영광과 비교할 수 없도다 피조물이 고대하는 바는 하나님의 아들들이 나타나는 것이니 피조물이 허무한 데 굴복하는 것은 자기 뜻이 아니요 오직 굴복하게 하시는 이로 말미암음이라 그 바라는 것은 피조물도 썩어짐의 종 노릇 한 데서 해방되어 하나님의 자녀들의 영광의 자유에 이르는 것이니라 피조물이 다 이제까지 함께 탄식하며 함께 고통을 겪고 있는 것을 우리가 아느니라 그뿐 아니라 또한 우리 곧 성령의 처음 익은 열매를 받은 우리까지도 속으로 탄식하여 양자 될 것 곧 우리 몸의 속량을 기다리느니라 우리가 소망으로 구원을 얻었으매 보이는 소망이 소망이 아니니 보는 것을 누가 바라리요 만일 우리가 보지 못하는 것을 바라면 참음으로 기다릴지니라 (롬 8:18-25)

로마서 8장의 이 본문과 비교해 보면, 앞서 읽은 이사야 11장에서 이야기하는 하나님 나라는 대단히 평화로운 정경으로 묘사되어 있습니다. 사자와 어린 양이 함께 누워 장난치며 어린아이가 독사 굴에 손을 넣고 놉니다. 세상은 어떻습니까? 세상은 사자가 어린 양을 잡아먹고, 독사 굴에 손을 넣으면 물리는 곳입니다. 성경은 세상이 이렇게 된 것이 다른 피조물이나 환경 탓이 아니라 우리 죄 때문이라고 말씀합니다. 인류가 죄를 지어 자연계가 전부 저주 아래 있습니다. 죄 아래, 썩어짐 아래, 멸망 아래 있습니다. 그것이 회복되려면 환경의 재건이나 기술의 발전이 아니라 우리가 온전하게 완성되어야 할 것입니다. 자연 세계, 창조 세계를 죄 아래로 끌어다 놓은 우리가 회복되어야만 가능한 일입니다. 로마서 8장을 계속 봅시다.

> 그 바라는 것은 피조물도 썩어짐의 종노릇 한 데서 해방되어 하나님의 자녀들의 영광의 자유에 이르는 것이니라 피조물이 다 이제까지 함께 탄식하며 함께 고통을 겪고 있는 것을 우리가 아느니라 (롬 8:21-22)

우리가 회복되어야 주위 환경도 따라서 회복될 것입니다. 천국은 우리의 회복을 말하는데, 우리가 어디까지 가야 합니까? 종노릇하는 데서 해방되어 '하나님의 자녀들의 영광의 자유'에 이르러야 합니다. 자유, 이 대목이 어렵습니다. 자유라는 말을 들으면 맨 처음 어떤 단어가 떠오릅니까? 아니, 그러기에 앞서 자유의 반대말은 무엇일까요? 억압입니다. 그렇다면 자유의 동의어에는 무엇이 있을까요? 책임이라는 말은 어떻습니까? 흔히 우리는 책임을 긍정적 뉘앙스보다는 부정적 뉘앙스로 더 많이 쓰고 또 그렇게 알고 있어서 자유의 동의어라고 얼른 납득하지 못합니다.

자유를 떠올리면 억압에서 벗어나는 모습이 가장 먼저 연상됩니다. 이처럼 우리는 어떤 덕목이든 소극적으로 이해하는 경향이 있습니다. 예를 들면 이렇습니다. 우리는 명예를 적극적으로 이해할 줄 모릅니다. 아무런 사심이 없는 것을 명예라고 생각합니다. 그런데 '사심이 없는 것은 명예롭다'는 말은 '무식한 것이 명예롭다'는 말인 셈입니다. 이것은 말이 안 됩니다. 아무 생각 없이 사는 것이 왜 '명예'와 같은 고급한 단어의 범주에 포함되었을까요? 의욕이 있으면 전부 탐심이나 탐욕으로 변질되어 버리기에 그렇습니다. 의욕이 지나치면 오염되고 말 뿐이니 아무것도 안 하는 것이 제일 잘하는 것이 되어 버렸습니다. 욕을 먹으면 안 하고 맙니다. 그런데 안 하고 말면 끝나는 것이 아니라 잘해야 하고 더 나아가야 합니다.

성가대에 들어와서 칸타타를 망치면 가장 많이 드는 후회가 이것입니다. '내가 왜 하필 성가대에 들어와서 이 고생일까?' 이렇게밖에는 성가대원으로서의 명예나 가치를 가지지 못합니다. 성가대에서 찬양으로 봉사하는 긍정적 가치가 우리에게 없기 때문입니다. 어떤 일이 지니는 긍정적 가치를 세상에서는 찾기 힘듭니다.

단지 거짓말을 안 하는 것이 정직은 아닙니다. 정직은 거짓과 반대되는 긍정적 용기 혹은 격려입니다. 격려해야 할 일을 격려하고, 해야 할 일을 하는 것이 정직이지, 단지 거짓말을 안 한다고 해서 정직하다고는 할 수 없습니다. 도둑질을 안 하면 그것으로 전부가 아니라 성실하고 책임 있게 살아야 합니다. 이런 관점에서 보면 자유란 하나님의 자녀 곧 종이 아닌 하나님의 자녀만이 가진 특권이라고 볼 수 있습니다. 이 자유는 대단히 명예로운 것이며 이는 곧 하나님을 아버지라 부르는 실력입니다. 우리가 하나님을 아버지라 부를 수 있는 실력에 이르는 것, 그것이 영광입니다.

4

자유란 무엇을 선택할 수 있는 권리입니다. 결정을 내릴 때에 명예로운 선택을 하는 실력에 이르는 것이 여기서 말하는 '하나님의 자녀들의 영광의 자유'입니다. 이는 굉장히 적극적인 자유입니다. 이 자유는 로마서 6장 1절을 그 내용으로 합니다. "그런즉 우리가 무슨 말을 하리요 은혜를 더하게 하려고 죄에 거하겠느냐 그럴 수 없느니라 죄에 대하여 죽은 우리가 어찌 그 가운데 살리요." 이 말씀은 이런 의미입니다. 아직도 죄에 거하고 싶냐, 예수 그리스도와 함께 죽어 죄에서 벗어난 자가 새 생명으로 인도되어 하나님의 자녀가 되었다는 사실을 여태껏 모른다는 말이냐.

정말 가고 싶은데 돈이 없어서 못 다니는 학교를 누군가 보내 주었다고 해 봅시다. 원하던 학교에 갔으니 열심히 공부해야 마땅합니다. 그런데 자기 돈 안 들이고 어떤 독지가의 도움으로 다닐 수 있게 되자 '내 돈 나가는 거 아니니 수업 안 듣고 땡땡이 부려도 되겠네'라고 생각할 사람이 있을까요? 학교를 공짜로 보내 주다니 시시해서 이제 나는 안 가겠다, 이 맛있는 음식을 공짜로 주다니 차라리 난 안 먹겠다, 그런 사람은 아마 없을 것입니다. 그런데 왜 은혜는, '공짜로 받았으니 내 멋대로 살아 보자'가 되어 버렸을까요? 은혜가 무엇인지, 은혜가 무엇을 하려는지 몰라서 그렇습니다. 은혜가 우리를 명예와 영광의 자리로 부르고 있다는 사실을 잘 몰라서 그렇습니다. 하나님의 영광을 경배하기는커녕 하나님의 자녀로서 갖는 신분과 지위와 영광을 누리는 기쁨을 몰라서 그렇습니다.

'예수를 믿고 신앙생활 하는 것은 명예다' 이런 말을 들으면, '명예란 구체적으로 무엇이냐'와 같은 질문을 하게 됩니다. 사람을 용서하고 참아 주고 격려하는 것이 명예입니다. 분노하고 보복하는 것은 부끄러운 짓입니다. 이 둘을 윤리나 명분에서 '불명예스러운 것'과 '명예스러운 것'으로 구분 짓기 전에 우리 본성이 먼저 알고 있습니다. 하나님이 우리에게 허락한 사랑, 용서, 인내 같은 가치가 우리 영혼이 아는 기쁨이고, 분노, 고함, 비난, 보복은 죽음과 연결된 것입니다. 죽음과 연결된 것은 인간의 영혼을 망치고 주변을 오염시키고 모두를 더러움 아래로 끌고 들어갑니다. 그렇게 살지 않는 것이 명예입니다.

천국에서 사자가 어린 양을 잡아먹을 필요가 없는 것은 만물이 회복되었기 때문입니다. 만물이 회복되려면 하나님이 예수 안에 보내신 당신의 자녀들을 이 실력까지 끌고 가셔야 합니다. 예수로 말미암아 하나님의 백성으로 삼은 당신의 자녀들에게 '하나님의 하나님 되심을 깨달은 만족'과 '죄가 하는 짓'을 비교하고 깨닫게 하여, 죽음과 유혹과 기만과 위협과 휘둘리는 인생 속에서 점점 커 나가게 해야 합니다. 이렇게 하면 이기고 저렇게 하면 손해 보지, 하며 늘 따지고 살아왔지만 이제 이런 것도 다 지나갑니다. 마침내 모든 것이 다 그렇게 지나갑니다. 예수를 믿는 자에게 결국 가치는 하나님으로부터만 나오는구나, 오직 하나님만이 의, 진리, 생명, 용서, 회복, 감사, 기쁨, 명예, 영광을 만드실 수 있구나, 하고 깨닫게 됩니다. 세상은 무슨 일에서나 더러움과 싸움과 비열함과 악행과 공포와 비극을 만들 뿐입니다. 이 둘의 차이를 배우는 것이 신자의 인생입니다.

이것이 이사야에 녹아 있으며 또 우리가 겪는 현실입니다. 여러분은 지금 어디쯤 와 있습니까? "내가 목사만 때려치우면 만사형통할 텐데"라고 푸념하고 불평하는 자리를 다 한 번쯤은 지나와야 합니다. "이렇게 성실히 살고 있는데, 왜 나는 아무리 열심히 해도 하나님이 보상해 주지 않으실까?" 하는 자리도 지나와야 합니다. 그리하여 사람들이 인정해 주고 보상해 주기도 했지만 그런 건 정말 아무것도 아니구나, 사람에게 받는 보상이란 정말 별것 아니구나, 하는 사실을 알게 되기까지 말입니다.

우리는 살아가면서 하나님이 요구하신 것에 대해 그때 자기가 가진 실력만큼 충성하기도 하고 못나게 굴기도 합니다. 하지만 못나게 군 그 모든 일을 통해서도 하나님이 결국 당신의 약속을 성실히 지키신다는 것을 배워 갑니다. 못나게 굴어도 괜찮습니다. 그런데도 우리는 회개하여 다만 과거를 씻어 내는 일에 시간을 할애하느라 정작 오늘을 살아 내지 못하고 내일마저 준비하지 못하며 살아갑니다. 우리의 회개가 "그래, 그냥 콱 죽어 버리자. 나 같은 놈은 목사를 그만두는 것이 오히려 하나님에게 영광일지 모른다"라고 생각하게 한다면, 그것이야말로 시험입니다. 이처럼 우리를 죽음으로 몰고 가는 일이 시험입니다. "그래, 어제도 내가 잘못했다. 이번에도 나는 망했다. 하지만 여기서 끝은 아니다. 실패한 것은 어제일 뿐, 오늘은 포기하지 않고 한번 살아 내겠다. 내일은 오늘보다도 더 잘 살아 보자." 이렇게 가는 것이 올바른 회개입니다.

5

진심만 있으면 실력이 저절로 늡니까? 그렇지 않습니다. 축구를 예로 들어 보면, 열심히 훈련해야 실력이 늡니다. 제 사위는 회사 축구 대회에 가서 사회자가 "자, 시작합시다"라는 말에 의욕만 넘쳐 자리에서 벌떡 일어나다 그만 종아리 근육이 파열되어 한 달 동안 깁스하고 다녔습니다. 제 손자가 다니는 유소년 축구 교실에서 이 소식을 듣고서는 "아니, 축구를 얼마나 사랑했으면 종아리 근육까지 파열되느냐"라고 감동하여 사위를 '1일 감독'으로 위촉하였습니다. 그래서 사위가 자기 아들을 데리고 유소년 축구 시합에 나가 1일 감독으로 뛰고 왔습니다. 진심과 열정만 있고 실력은 없는 형편과 정황, 의자에서 일어나다가 찢어진 근육, 우리 현실에서 다반사로 일어나는 일입니다.

하나님이 일하고 계십니다. 하나님이 하시는 일을 누가 막겠습니까? 사망마저 꺾이는데 말입니다. 그러니 이단을 겁낼 필요 없고, 나라의 위기를 겁낼 필요 없고, 우리가 가진 조건을 겁낼 필요가 없습니다. 이 모든 정황을 잘 감수해야 합니다. 어떻게 감수해야 할까요? 힘들 때는 울어야 합니다. 우는 것 말고는 대책이 없습니다. 울어도 안 풀리거든 친구 찾아가서 지랄 한번 떨고 오십시오. 그리고는 돌아와서 잘하면 됩니다. 꾹꾹 참고 있다가 설교 시간에 확 터트리지 말고 동료들을 만나 마음을 털어놓으십시오. 우리 말고 누가 알아주겠습니까. "너 많이 힘들겠다"라는 말로 서로 편들어 주어야 합니다. "야, 뭐라고? 목사가 그렇게 욱하면 되겠냐?" 이런 말은 아무 도움이 안 됩니다. "내가 보니 너 좀 문제가 있더라." 이런 말은 절대 입 밖에도 내지 마십시오. "걱정하지 마. 잘될 거야. 너 나한테 화낼 때 보니 선지자의 은사가 있는 것 같더라"라고 격려해서 상대방으로 위기를 잘 넘기게 해야 합니다. 조금 더 견디게 해야 합니다. 한 번 더 힘내어 살게 해야 합니다. 몇 번까지라는 것은 없습니다. 세 번? 일흔 번? 정해진 것은 없습니다. 다시 일어나야 합니다. 다시 털고 일어났으면 그것으로 족합니다.

욥기의 재미는 여기에 있습니다. 욥기가 전제로 하는 설정은 이렇습니다. 하나는 욥이 의인이라는 점입니다. 그러니 친구들이 욥에게 시비 걸며 한 조언은 모두 다 틀렸습니다. 욥은 의인인데 고난이 와서 억울합니다. 아무리 억울해도 욥은 죽을 수조차 없습니다. 이것이 욥기의 두 번째 설정입니다. 사탄이 욥의 생명에는 손을 대지 못하기 때문입니다. 욥의 불만은 무엇이었습니까? 죽고 싶어도 죽을 수 없다는 점이었습니다. 차라리 죽여 달라는 것이 욥의 소원이었죠. 우리도 마찬가지입니다. 전부 뭐하자는 것입니까? 같이 죽자는 것입니다. 그러나 그렇게 가는 것은 비겁합니다. 이 죽을 것 같은 인생을 울며 가슴 치며 살아 내야 합니다. 그리하여 확인하십시오. 이런 고난으로 무엇이 만들어지는지를.

제럴드 싯처가 쓴 《하나님의 뜻》이라는 책이 있습니다. 끔

찍한 교통사고로 가족을 잃은 싯처가 사고를 통해 하나님의 뜻을 깨닫고 쓴 책입니다. 20년이 지난 후 이번에는 《하나님의 은혜》라는 책을 씁니다. 그는 이 책에서 그 사고는 결코 잊을 수가 없다, 그러나 그 사고로 말미암아 하나님이 내 가정에 하신 일을 돌아보니 그 사고는 소품에 불과했다, 거기에 얼마나 많은 것을 담으셨는지 이루 말할 수 없다, 라고 고백합니다. 이 두 책은 꼭 읽기 바랍니다. 성경이 증언하는 이런 기적이 우리 현실 속에서 하나님의 일하심을 어떻게 드러내는지 기억하고 고백하는 목회자가 되길 바랍니다.

기도

하나님 아버지, 오늘도 하나님은 우리가 원하는 결과를 허락해 주실 수 있습니다. 그러나 우리가 원하는 때에 거둔다면 그것은 설익은 열매에 불과할 것입니다. 하나님은 당신이 그리스도 안에서 허락하셨던 영광이 우리에게서도 드러나기 원하십니다. 그래서 우리에게 인내와 충성을 요구하십니다. 주님도 부르짖으셨던 그 외침, "아버지여, 할 만하시거든 이 잔을 내게서 지나가게 하여 주옵소서"나 "나의 하나님 나의 하나님, 어찌하여 나를 버리시나이까"와 같은 비명을 하루에도 몇 번씩 반복하는 것이 우리 일상입니다. 그러나 주께서 몸소 십자가를 지셨기에 결국 영광을 받으시며 우리에게 담대히 살아가라고 명령하신 줄 믿습니다. 이 복된 인생을 사는 우리가 되게 하옵소서.

부활과 창조의 하나님이 십자가 승리가 지닌 역설과 기적, 지혜와 권능 속에 우리를 두셨음을 기억하여 인내하고 하루하루를 쌓아 가게 하옵소서. 그리하여 우리 인생을 하나님의 약속 앞에 아멘으로 바치는 날이 속히 오게 하옵소서. 기회 있을 때마다 서로 격려하고 위로하고 한국 교회와 이 나라를 위해 기도하게 하옵소서. 예수님 이름으로 기도합니다. 아멘.

3

시간

우리에게 시간과 과정과 기회를 주신 이유입니다. 너희 목마른 자들아, 여호와를 만날 만한 때에 찾으라, 지각하여 쥐꼬리만큼만 배우고 가는 인생이 되지 말고 일찍 하나님을 만나 이 긴 시간 동안 명예와 영광을 위한 기회를 가져라, 그 안에서 자라 가라, 그렇게 요구하십니다.

1 너희의 하나님이 이르시되 너희는 위로하라 내 백성을 위로하라 2 너희는 예루살렘의 마음에 닿도록 말하며 그것에게 외치라 그 노역의 때가 끝났고 그 죄악이 사함을 받았느니라 그의 모든 죄로 말미암아 여호와의 손에서 벌을 배나 받았느니라 할지니라 하시니라 3 외치는 자의 소리여 이르되 너희는 광야에서 여호와의 길을 예비하라 사막에서 우리 하나님의 대로를 평탄하게 하라 4 골짜기마다 돋우어지며 산마다, 언덕마다 낮아지며 고르지 아니한 곳이 평탄하게 되며 험한 곳이 평지가 될 것이요 5 여호와의 영광이 나타나고 모든 육체가 그것을 함께 보리라 이는 여호와의 입이 말씀하셨느니라 6 말하는 자의 소리여 이르되 외치라 대답하되 내가 무엇이라 외치리이까 하니 이르되 모든 육체는 풀이요 그의 모든 아름다움은 들의 꽃과 같으니 7 풀은 마르고 꽃이 시듦은 여호와의 기운이 그 위에 붊이라 이 백성은 실로 풀이로다 8 풀은 마르고 꽃은 시드나 우리 하나님의 말씀은 영원히 서리라 하라 9 아름다운 소식을 시온에 전하는 자여 너는 높은 산에 오르라 아름다운 소식을 예루살렘에 전하는 자여 너는 힘써 소리를 높이라 두려워하지 말고 소리를 높여 유다의 성읍들에게 이르기를 너희의 하나님을 보라 하라 10 보라 주 여호와께서 장차 강한 자로 임하실 것이요 친히 그의 팔로 다스리실 것이라 보라 상급이 그에게 있고 보응이 그의 앞에 있으며 11 그는 목자 같이 양 떼를 먹이시며 어린 양을 그 팔로 모아 품에 안으시며 젖먹이는 암컷들을 온순히 인도하시리로다 (사 40:1-11)

이사야서를 제1 이사야, 제2 이사야, 제3 이사야로 구분하는 것은 정경성(正經性)을 다투고자 하거나 저작권 문제로 시비하려는 것이 아닙니다. 메시지의 역사적 배경 때문에 구분한 것입니다. 이사야서는 1장부터 39장까지를 제1 이사야라고 해서 유다의 마지막 역사를 다루며, 40장에서 55장까지를 제2 이사야라고 하여 포로기에 주어진 하나님의 구원과 해방의 약속을, 56장에서 66장까지를 제3 이사야로 명명하여 귀환한 이스라엘 백성의 실패와 그럼에도 펼쳐지는 하나님의 꿈을 이야기합니다.

지난 두 장에서는 제1 이사야의 역사적 정황 즉 이스라엘 남 왕조 유다 말기에 임한 '동정녀 탄생'에 관한 예언을 통해 여기에 담긴 하나님 나라의 궁극적 완성에 대한 안목을 확인하였습니다. 이번 장에서는 제2 이사야를 다룰 텐데, 여기에는 이스라엘 백성이 포로 된 자리에서 듣게 되는 해방, 구원, 그리고 회복의 약속이 담겨 있습니다. 이제 이 회복이라는 메시지에 주의를 기울여서 이 역사 속에 담긴 본문이 무엇인지 생각해 봅시다. 여기서 본문이란 텍스트 곧 컨텍스트와 대비되는 것을 가리킵니다. 컨텍스트는 정황, 경우, 그릇이라는 말로 풀이될 수 있는데, 여기서는 이스라엘의 멸망과 회복에 담긴 메시지가 텍스트 곧 본문이 됩니다.

이러한 본문이 우리에게 가르치려는 바는 무엇일까요? 제가 자라면서 받아 온 한국 교회의 가르침은 순종으로 말미암은 복, 불순종에 대한 형벌, 회개하여 얻는 용서와 같은 간단한 본문밖에 없었습니다. 그런데 살면서 경험하다시피 신앙 인생이라는 것은 이런 간단한 도식으로는 설명되지 않습니다. 왜 그럴까요? 한 번 회개하고 나면, 다시는 죄를 안 짓게 되는 것이 아니라 또다시 회개해야 하는 상황이 오기 때문입니다. 앞서 했던 실패를 되풀이하는 것이 우리의 신앙 현실입니다. 그래서는 안 된다며 정답은 알고 있지만 그렇게 되지 않는 현실을 어떻게 해야 하는가, 하는 문제가 남습니다. 이 문제를 성경이 다루고 있습니다. 우리는 언제나 이 법칙, '네가 잘했으면 그런 일이 일어나지 않았을 텐데, 네 잘못으로 이렇게 되었으니 벌을 받아야 마땅하다'라는 간단한 인과응보의 시각에서 성경을 이야기하는 바람에 실제로 살펴보아야 할 본문은 놓쳐 버립니다. 무엇이 본문일까요? '하나님은 도대체 어떤 분이며 우리는 무엇인가', '대체 하나님은 무엇을 하자고 이렇게 하시며, 이 일을 어떻게 이루려고 하시는가' 하는 물음에 이르도록 안목을 넓혀 가야 합니다.

1

이사야서는 40장에서 갑작스레 국면이 전환됩니다. 바로 앞의 39장에 이어 읽으면 느닷없다고 여겨질 정도입니다. 40장 이전에는 이스라엘 백성에 대한 꾸중과 이스라엘의 멸망에 대한 예언이 즐비한데, 40장부터는 잡혀간 이스라엘에 대한 위로의 말씀이 갑자기 터져 나옵니다. 우리가 잘 아는 저 유명한 구절이 40장 첫머리에 등장합니다. "너희의 하나님이 이르시되 너희는 위로하라 내 백성을 위로하라." 이 구절을 시작으로 회복에 관한 메시지가 44장까지 내내 이어집니다.

회복을 이야기한 다음, 45장에 가면 고레스를 세워 이스라엘이 본토로 귀환하여 회복되는 이야기, 이어 47장에 가면 바벨론 심판에 대하여, 48장부터는 이스라엘의 영광에 대하여 이야기하는 대목이 이어집니다. 여기서 영광은 포로에서 회복되는 수준을 넘어서 있는 영광을 의미합니다. 이스라엘이 하나님 앞에 불신앙과 불순종으로 벌을 받아 바벨론 포로가 되는 일은 사실 신명기에서 예고된 일이었습니다. 신명기에는 복의 약속만큼이나 저주의 말씀이 등장하는데, 그중 '너희가 불순종하면 너희가 심긴 땅에서 뽑혀 이방 나라에 버려질 것'이라는 예언도 있습니다. 그런데 이 예언대로 역사에서 실제 일어난 사건을 마주할 때면, 우리는 '하나님이 그렇게 경고했는데도 그들은 말을 듣지 않았다'로 밖에는 성경을 이어가지 못합니다. 그렇게 해서는 현실을 실제로 살아낼 수 없습니다. 왜냐하면 현실에서 우리는 잘 모르고 불순종해서만 실패하는 것이 아니라 잘 알고 경계하고 조심해도 실패하기 때문입니다. 현실이 이렇다면 도대체 그런 시련은 왜 일어났을까 하는 생각이 듭니다.

성경을 처음 펼쳤을 때 드는 생각이 있습니다. 아담이 선악과를 먹을지 하나님은 아셨을까 모르셨을까 하는 것입니다. 이런 질문에 대한 충분한 답과 깊은 생각을 그동안 한국 교회는 공유해 오지 못했습니다. 그런 질문을 하는 것만으로도 정죄하던 시대였기 때문입니다. 아담이 하나님을 거부하고 불순종해서 죄가 들어왔고, 아담의 후손인 우리는 원죄를 안고 살아갑니다. 우리 안에 육체의 소욕과 죄의 정욕이 뿌리뽑히지 않은 채로 살아가는데, 아마 이는 하늘나라에 가는 날까지 계속될 것입니다. 이 정황과 동시에 우리에게는 예수를 믿어 입게 된 새사람의 법도 있습니다. 이 둘 사이에서 갈등을 겪는 것이 현실입니다. 왜 이 둘을 갈등 관계에 두셨을까, 왜 이 갈등을 속시원히 해소해 주지 않으실까, 그런데 이런 갈등은 역사 내내 있어 왔습니다. '역사 내내 있어 왔다'라는 말은 지금 우리에게도 일어날 수 있다는 의미입니다.

2

구약에서 큰 사건 둘을 들라고 하면 출애굽과 바벨론 포로입니다. 출애굽 사건이 이스라엘 백성에 대한 하나님의 신실함과 권능을 보여 주는 이야기라면, 바벨론 포로는 그렇게 애굽에서 꺼내신 백성을 하나님 자신이 바벨론에 넘길 수 있다는 것이 무엇을 의미하느냐, 이렇게 넘겨 버리실 것이었다면 애굽에서는 왜 구해 내신 것이냐, 하는 문제로 우리를 이끕니다. 이스라엘 백성을 애굽에서 꺼내신 일로 드러난 하나님의 의지와 목적이 이스라엘을 바벨론에 팔아넘긴 일로 무효가 되지 않습니다. 이 일이 오히려 구원을 이루는 방법이 됩니다.

그렇다고 바벨론 포로 사건이 없었으면 구원도 일어나지 않았을 것이라는 이야기는 물론 아닙니다. 하나님은 우리의 실패를 가지고서도 이렇게 일하신다, 실패란 분명 잘못이지만 이것으로 하나님의 뜻을 꺾을 수는 없다, 이런 내용을 성경이 내내 이야기하고 있습니다. 여기서 우리는, 하나님이 하시고자 하는 일을 인간이 거부하고 불순종해도 그것으로 하나님의 뜻이 방해받지는 않는다, 우리 눈에 앞뒤가 안 맞아 보이는 모순을 하나님은 묶으신다, 하고 고백하는 자리까지 이르게 됩니다. 성경은 우리가 마땅히 이 자리까지 와야 한다고 이야기합니다.

하나님이 우리의 이해관계, 우리의 납득, 우리가 아는 방법보다 더 크신 분이 아니라면 하나님이실 수 없습니다. 구원이 우리가 이해하는 방식이나 내용으로 설명된다면 구원일 수 없습니다. 창조도 마찬가지입니다. 이런 대목에 대한 이해가 열려 있어야 합니다. 성경은 내내 모순과 역설을 이야기하는데, 우리는 못 알아듣고 있습니다. 모순이란 한 차원밖에는 이해하지 못하는 인간이 더 크고 높은 차원을 이해하려 할 때 일어나는 충돌입니다. 우리에게 '하나님의 주권과 인간의 자유의지'가 충돌한다고 여겨지는 것은 둘을 같은 평면, 같은 차원에 두고 이해하려 하기 때문입니다. 우리 생각에는 하나님의 주권이 강조되면 인간의 자유의지가 밀리고, 인간의 자유의지가 강조되면 하나님의 주권이 밀릴 것 같습니다. 그런데 이게 서로 다른 층위의 일이라면 어떻게 될까요? 세상은 '죽으면 끝'이라고 이야기하지만, 성경은 '죽음은 부활로 가는 길'이라고 합니다. 죽는 것이 사는 것이 될 수 있을까요?

어떻게 가능할까요? 삶과 죽음은 공존할 수 없는데 말입니다. 살면 죽음이 아니고 죽으면 삶이 아닙니다. 그런데 성경은 부활이라는 단어를 들어 죽어서도 삶이 다시 등장할 수 있다고 이야기하여 이 모순을 극복합니다.

이런 이야기를 로마서 8장은 이렇게 이야기합니다. "그러므로 이제 그리스도 예수 안에 있는 자에게는 결코 정죄함이 없나니 이는 그리스도 예수 안에 있는 생명의 성령의 법이 죄와 사망의 법에서 너를 해방하였음이라"(롬 8:1-2). '죄와 사망의 법'은 아직 우리의 현실입니다. 맞으면 아프고 슬프면 눈물이 납니다. 후회가 있고 절망도 있지만, 이것을 '생명의 성령의 법'이 이긴다고 합니다. 그러면 당장 이런 생각이 들 것입니다. '생명의 성령의 법이 이기면 더 이상 눈물도 후회도 없어야 하지 않는가.' 하지만 그런 것들은 그대로 있습니다. 눈물도 후회도 한숨도 여전히 있지만, 생명의 성령의 법이 우리로 죄와 사망의 법을 삼키는 과정을 겪게 하여 이 말씀을 고백하는 자리에 이르게 합니다.

로마서 3장에 가면 이런 말씀이 있습니다. "이제는 율법 외에 하나님의 한 의가 나타났으니 율법과 선지자들에게 증거를 받은 것이라 곧 예수 그리스도를 믿음으로 말미암아 모든 믿는 자에게 미치는 하나님의 의니 차별이 없느니라"(롬

3:21-22). 이어 믿음이라는 단어를 설명하기 위해 로마서 4장은 아브라함을 등장시킵니다. '믿음이 좋은 사람'의 표본으로 아브라함을 소개한 것이 아닙니다.

'믿음은 인간에게서 원인이나 조건을 묻지 않는다' 하는 주제를 잘 보여 주는 사람이 바로 아브라함입니다. 왜냐하면 아브라함이 믿은 하나님은 없는 것을 있는 것 같이 부르시는 하나님, 죽은 자를 살리시는 하나님, 창조와 부활의 하나님이시기 때문입니다. 여기서 '없는 것'이라는 말은 '승리, 가치, 생명, 진리, 행복, 보람 같은 것이 전혀 없는 상태'를 의미합니다.

하나님은 이렇게 하실 수 있는 분입니다. 원인 없이 만드실 수 있고 실패, 원망, 분노, 자책을 기쁨과 찬송으로 바꾸실 수 있습니다. 로마서 4장에서 강조하는 것은 '아브라함이 하나님을 믿었다'가 아닙니다. 하나님이 아브라함을 불러 '믿음의 조상'으로 세운 것은 하나님이 믿음이라는 방법으로 일하신다는 사실을 강조하기 위해서입니다. '믿음의 방법'이란 인간에게 아무런 조건이나 이유가 없어도 하나님이 그에게 복을 내리실 수 있다, 인간의 실패와 원망을 뒤집으실 수 있다, 이런 이야기입니다. 없는 것을 있는 것으로 부르시는 하나님이 실패와 원망과 자책이 가득한 우리 인생 역시 선용하여 당신이 목적하시는 바를 이루실 것이라고 이야기함으로써, 우리 실패와 원망과 한숨은 세상을 살면서 우리가 감각하는 것일 뿐, 그것이 우리 인생을 판가름하는 것은 아니라고 말합니다.

3

은혜는 인과율 너머에 있는 대원칙입니다. 인과율이란 '원인과 결과의 법칙'이 바탕이 된 보상의 법칙 즉 '사람이 무엇으로 심든지 그대로 거두리라'에 담긴 원칙입니다. 은혜는 인과율을 깨는 것이 아니라 이 법칙 너머에 있는 대원칙입니다. 인과율이 무대라면, 은혜는 무대에서 흐르는 연주입니다. 예를 들어 '조용필의 무대를 보러 간다'라고 하면, 조용필의 노래를 들으러 간다는 뜻이지 그가 공연하는 무대의 구조가 어떻게 생겼는지를 구경하러 간다는 뜻은 아닙니다. 그런데 공연을 하려면 무대가 있어야 합니다. '파격'이라는 것도 원칙이 존재해야 가능합니다. 원칙이 있고 나서야 파격도 있습니다.

연주회를 하려면 무대와 연주자, 그리고 청중이 필요하니다. 이런 차원에서 보면, 하나님이 우리 생애에 고난을 허락하신 이유는 어떤 원칙 자체를 공고히 하기 위해서가 아니라 그 원칙에 무엇인가를 담아 작품으로 승화시키기 위해서라는 생각이 듭니다. 하나님이 담으시려는 것은 무엇일까요? 세상을 복되게 하고 풍성하게 하는 하나님의 충만, 하나님의 영광이라고 성경은 이야기합니다. 우리는 이 '은혜'라는 대원칙을 간과한 채, 현재의 고난과 한계를 하나님의 약속과 동일한 차원에 놓고 갈등하며 모순을 겪어 내느라 비명 지릅니다. 하나님이 어떻게 일하시며 엮어 가시는가에 대해서는 성경을 읽으면서도 못 읽어 냅니다. 성경이 이에 대해 분명히 말하고 있는데도 말입니다.

선입견이란 참 무섭습니다. 우리가 성경에 밑줄 그은 대목들을 보면, '사람이 무엇으로 심든지 그대로 거두리라'와 같은 구절들뿐입니다. 기도 많이 해라, 회개해라, 열심을 품어라, 순종해라, 이런 구절들에만 밑줄 그을 뿐, 그 너머에서 흘러나오는 연주에는 관심이 없습니다. 노래도 없고 춤도 없습니다. 무대만 덩그러니 있을 뿐, 그 위에서 아무 공연도 펼쳐지지 않는 것과 같습니다. 전에 어떤 연수원으로 수련회를 갔는데, 거기에 잔디밭 축구장이 있었습니다. 축구장을 보니 공을 차 보고 싶은 마음이 들었습니다. 그런데 이 연수원에는 '축구장 대여 불가 방침'이 있었습니다. 비용을 지불해도 안 빌려주겠다는 것입니다. 보수비가 더 들기 때문입니다. 안 빌려줄 거면서 잔디 축구장은 왜 만들었을까요. 눈요기하라고 잔디 축구장을 만든 일처럼 말이 안 되는 게 또 어디 있을까요.

우리에게 일어나는 고난과 비극이 말하고자 하는 이야기가 무엇입니까? 하나님은 실패하지 않으시는 분이다, 하나님의 의지와 뜻을 꺾을 수 있는 것은 없다, 그가 용서하시는 분이라면, 그가 은혜를 베푸시는 분이라면, 그리고 창조의 목적이 하나님의 영광이라면, 우리에게 일어나는 어떤 일도 우리를 방해할 수 없다, 이것이 로마서 8장의 이야기입니다. 그런데 우리는 이런 이야기를 들을 때 단박에 '그러면 우리가 무엇 때문에 열심히 살아야 하느냐. 그렇게 할 필요가 있느냐?' 하고 빈정대고 맙니다. 우리 죄성(罪性)이 제기하는 반발입니다.

성경이 주는 약속을 생각해 봅시다. 이 긍정적 약속을 품고 인간의 반발을 이겨 내는 일이, 우리가 살면서 해야 할 일입니다. 죄가 우리에게 주는 생각을, 울고 후회하고 자책하고 실패한 경험을 통하여 비로소 이기게 됩니다. 세상이 하는 이야기가 거짓임을 알게 됩니다. 그래서 이길 수 있습니다. 그렇다고 이것을 좋은 신앙이라고 이야기하기는 어렵습니다. 달리 갈 데가 없었던 것뿐입니다. 신앙이 좋아지는 데는 정말 많은 시간이 필요합니다. 아무리 잘못했을지라도 용서받지 못할 죄는 없으니 용서받습니다. 용서받고 나면 죄가운데 그저 있을 수는 없다, 이건 아니다, 하고 철이 듭니다. 그래서 돌아옵니다. 그런 이야기가 성경에 얼마든지 있습니다. 이스라엘은 잘한 적도 별로 없고, 승리한 역사도 거의 없습니다. 그럼에도 구원을 받습니다. 이 희망이 우리에게 있습니다. 이것이 기독교가 외치는 이야기입니다.

예수를 믿으면 된다고 할 때, 여기서 예수는 구체적 존재입니다. 추상적이지 않습니다. 그런데 왜 예수가 와서 그 오해를 받고 죽어 십자가에 매달려야 했는지 사실 알 도리가 없습니다. 그래서 우리는 혼란스럽습니다. 그런 나약한 모습보다는 더 큰 권력과 승리를 가지고 오시면 좋겠는데, 우리가 기도하는 대로 척척 응답해 주시는 분으로 오셨으면 더 좋겠는데, 하나님은 그렇게 하지는 않으십니다. 실망스럽기 그지없습니다. 하지만 우리 기대대로 해 주시다가는 하나님이 원하시는 내용을, 본문을 다 담지 못합니다. 컵 속이 깊어야 내용물을 많이 담을 수 있듯이 하나님도 그렇게 우리를 키워 깊은 사람이 되게 하십니다.

4

성경이 요구하는 길을 가장 크게 방해하는 것은 우상입니다. 그래서 회복과 용서를 구할 때 '우상에서 돌이키라'는 이야기가 많이 나옵니다. 대체 우상은 왜 등장할까요? 우리는 '하나님을 믿지 않고 우상을 섬겼다'라는 지적을 자주 하고, 또 하나님을 거부하고 외면하는 대표적 행위를 '우상숭배'로 치는데, 사실 성경이 하는 이야기는 이보다 더 깊습니다. 이사야 42장을 봅시다.

> 하늘을 창조하여 펴시고 땅과 그 소산을 내시며 땅 위의 백성에게 호흡을 주시며 땅에 행하는 자에게 영을 주시는 하나님 여호와께서 이같이 말씀하시되 나 여호와가 의로 너를 불렀은즉 내가 네 손을 잡아 너를 보호하며 너를 세워 백성의 언약과 이방의 빛이 되게 하리니 네가 눈먼 자들의 눈을 밝히며 갇힌 자를 감옥에서 이끌어 내며 흑암에 앉은 자를 감방에서 나오게 하리라 나는 여호와이니 이는 내 이름이라 나는 내 영광을 다른 자에게, 내 찬송을 우상에게 주지 아니하리라 (사 42:5-8)

5절에서 7절을 읽고 우리는 쉽게 이런 결론을 내립니다. "그렇다. 전지전능하시고 사랑이 많으신 하나님이 마침내 우리를 감옥에서 이끌어 내시고 흑암에서 구원하실 것이다." 그런데 이 약속 다음에 희한하게도 이런 구절이 이어집니다. 8절을 보면, "나는 여호와이니 이는 내 이름이라 나는 내 영광을 다른 자에게, 내 찬송을 우상에게 주지 아니하리라"라는 말씀이 등장하여 의아합니다. 왜 여기에 갑자기 우상이 등장할까요? 하나님이 당신의 권능과 약속을 우리에게 전하는 자리에 왜 하필 우상을 끌어와 당신과 비교하실까 하는 생각이 듭니다. 우상은 하나님과 비교할 가치가 없는, 정말 말도 안 되는 대상인데 말입니다. 하나님과 우상이 나란히 서는 것은 가당치 않습니다. 이사야 44장으로 가 봅시다.

우상을 만드는 자는 다 허망하도다 그들이 원하는 것들은 무익한 것이거늘 그것들의 증인들은 보지도 못하며 알지도 못하니 그러므로 수치를 당하리라 신상을 만들며 무익한 우상을 부어 만든 자가 누구냐 보라 그와 같은 무리들이 다 수치를 당할 것이라 그 대장장이들은 사람일 뿐이라 그들이 다 모여 서서 두려워하며 함께 수치를 당할 것이니라 철공은 철로 연장을 만들고 숯불로 일하며 망치를 가지고 그것을 만들며 그의 힘센 팔로 그 일을 하나 배가 고프면 기운이 없고 물을 마시지 아니하면 피로하니라 목공은 줄을 늘여 재고 붓으로 긋고 대패로 밀고 곡선자로 그어 사람의 아름다움을 따라 사람의 모양을 만들어 집에 두게 하며 그는 자기를 위하여 백향목을 베며 디르사 나무와 상수리나무를 취하며 숲의 나무들 가운데에서 자기를 위하여 한 나무를 정하며 나무를 심고 비를 맞고 자라게도 하느니라 이 나무는 사람이 땔감을 삼는 것이거늘 그가 그것을 가지고 자기 몸을 덥게도 하고 불을 피워 떡을 굽기도 하고 신상을 만들어 경배하며 우상을 만들고 그 앞에 엎드리기도 하는구나 그 중의 절반은 불에 사르고 그 절반으로는 고기를 구워 먹고 배불리며 또 몸을 덥게 하여 이르기를 아하 따뜻하다 내가 불을 보았구나 하면서 그 나머지로 신상 곧 자기의 우상을 만들고 그 앞에 엎드려 경배하며 그것에게 기도하여 이르기를 너는 나의 신이니 나를 구원하라 하는도다 (사 44:9~17)

나무를 베어다가 그중 일부는 장작으로 쓰고, 남은 일부는 신을 만들어 거기 엎드려 절하는 사람들을 하나님이 비웃습니다. 우상이란 하나님의 뜻에 미치지 못하는 목적과 내용을 말합니다. 하나님의 뜻에 미치지 못하는 것이란 인간이 품은 상상과 소원의 극치를 형상화한 것을 의미합니다. 사람들은 우상에게 자기네가 가진 목적을 달성하기 위한 수단과 방법이 되어 달라고 빕니다. 자기 뜻과 목적을 이루기 위해 제물을 바치고 그 대가로 초월적 힘을 부여받고자 하는 것입니다.

여기서 잠깐 생각해 봅시다. 하나님은 왜 우상숭배를 증오하실까요? 너희가 기대하는 바가 너희의 궁극적 목적이 될 수 없다, 너희의 궁극적 목적 곧 그 영광은 내가 가지고 있다, 이 자리까지 이끌고 가지 못하는 것은 전부 다 우상이다, 이 자리까지 와야 한다, 그러니 나는 타협할 수 없다, 라고 하나님이 말씀하십니다. 하나님은 우리가 100이라는 지점까지 도달하기를 요구하시는데, 우리는 고작 2나 3에 머물려고 합니다. 이러니 하나님이 어이없어 하시는 것이 당연합니다. 우리는 이 정도면 됐다, 이것이 최선이다, 하며 적당히 안주하려는데, 이런 타협을 하나님이 싫어하십니다. 이러한 하나님의 의지가 사도행전 4장에서는 다음과 같이 표현되어 있습니다.

이에 베드로가 성령이 충만하여 이르되 백성의 관리들과 장로들아 만일 병자에게 행한 착한 일에 대하여 이 사람이 어떻게 구원을 받았느냐고 오늘 우리에게 질문한다면 너희와 모든 이스라엘 백성들은 알라 너희가 십자가에 못 박고 하나님이 죽은 자 가운데서 살리신 나사렛 예수 그리스도 의 이름으로 이 사람이 건강하게 되어 너희 앞에 섰느니라 이 예수는 너희 건축자들의 버린 돌로서 집 모퉁이의 머릿 돌이 되었느니라 다른 이로써는 구원을 받을 수 없나니 천 하 사람 중에 구원을 받을 만한 다른 이름을 우리에게 주신 일이 없음이라 하였더라 (행 4:8–12)

다른 이름은 없다, 예수라야만 한다, 여기서 예수는 이름이 아닙니다. 이런 식, 예수라는 방법, 성자 하나님의 성육신, 성 육신하신 하나님의 이름, 나사렛 예수라는 이 방법, 친히 육 체를 입고 우리 삶에 동참하시고 우리와 같은 실존 속을 순 종으로 걸어 결국 우리 손에 죽으신 그런 구체적인 방법으로 이루어지는 하나님의 형상의 완성, 이것이 바로 예수입니다. 이런 진정성과 구체성을 가지지 않는 방법이나 수준과 나는 타협할 수 없다, 부활 생명을 만들어 내기 위해 죽어야 하는 길을 걷지 않는 방법이나 수준과 나는 타협할 수 없다, 여기 서 이스라엘 역사 내내 하나님이 이스라엘 백성과 부딪치고 충돌하는 싸움이 일어납니다.

　이런 차원에서 욥의 불평을 이해해 볼 수 있습니다. "하나 님, 사람이 무엇이기에 주께서 그를 크게 여기사 아침마다 권징하시며 순간마다 단련하십니까. 주께서 내게서 눈을 돌이키지 아니하시며 내가 침을 삼킬 동안도 놓지 아니하시기를 어느 때까지 하시리이까." 이 불평은 우리의 기도에 늘 담겨 있는 내용이기도 합니다. "하나님, 제가 뭐 대단한 것을 바라는 것도 아니지 않습니까? 그냥 남한테 신세 지지 않고 자존심 하나 지키며 살게 해 달라는 것뿐인데, 왜 그리 인색하게 구십니까. 제가 뭐 떵떵거리며 살겠다는 것도 아니고 큰 거 바라는 것도 아닌데, 왜 그렇게 쩨쩨하게 구십니까?" 이런 우리의 바람에 대하여 하나님이 나는 그렇게 타협할 수 없다, 라고 하신 것이 바로 바벨론 포로 사건입니다. 이 타협하지 않으시는 하나님의 의지가 이스라엘을 만듭니다.

예수님은 죄가 없으면서도 마치 죄인인 양 살아가셨습니다. 죄인 취급을 받는 죽음의 자리, 오해받는 자리, 사도행전 4장에 나온 표현대로 하면, '건축자들의 버린 돌'과 같은 자리, 이사야 53장의 표현을 빌면, '고운 모양도 없고 풍채도 없고 흠모할 만한 아름다운 것이 없'는 자리에 계셨습니다. 성경을 읽다 이런 구절들을 대할 때면 우리는 '그럴 리 없다. 예수가 그런 취급을 받았을 리 없다'라고 부정합니다. 부정하고 싶을 만큼 싫은 자리, 그런 처지에 몰리는 것이 예수가 처한 자리이며 오늘 우리가 처한 현실입니다.

우리는 예수를 닮기 원합니다. 우리가 지금 서 있는 현실이 예수께서 걸었던 길과 맞아떨어집니다. 나사렛에서 무슨 선한 것이 나겠느냐, 라는 냉소와 불신이 난무하는 길입니다. 하나님이 당신의 백성을 완성하시는 방법, 당신의 능력과 지혜로 선언하신 길이 십자가입니다. 십자가의 도가 멸망하는 자들에게는 미련한 것이요, 구원을 얻는 우리에게는 하나님의 지혜요 능력이다, 그러니 너희는 아무것도 자랑할 것이 없다, 사람을 자랑하지 말고 예수를 자랑해라, 예수는 하나님으로부터 나와서 우리에게 지혜와 의로움과 거룩함과 구원이 되셨다, 오해받고 우리 손에 죽으신 예수가 우리의 구원이 되고 소망이 되고 피난처이자 보상이 되며 우리의 영광이 됩니다. 이런 모순을 기독교가 외치고 있습니다. 그런데도 우리는 우리 편한 대로 신앙을 갖다붙이는 바람에 기독교가 하는 가장 중요한 이야기를 못 듣는 것인지 모릅니다.

성경 읽는 태도를 한번 돌아봅시다. 우리는 성경을 어떻게 읽습니까? 성경을 읽으면 사실 말이 안 된다는 생각이 들어야 맞습니다. 하나님은 말이 되는 정도로, 우리 상식선에서 일하시는 분이 아니기 때문입니다. 나는 너희와 타협하지 않겠다, 나는 내 영광을 다른 자에게, 내 찬송을 우상에게 주지 않겠다,라고 하신 하나님이십니다. 굉장합니다. 믿음 곧 우리가 아는 방법과 차원을 훨씬 넘어서 있는 방식으로 일하십니다. 그것이 예수입니다. 제가 요즘 읽고 있는 책에서는 예수에 대해 이렇게 기술하였습니다. "예수는 하나님에 대한 유일하고도 참된 해석자이다." 하나님이 누구신지에 대해 우리는 해석하지도 이해하지도 못합니다. 하나님이 누구신가를 제대로 해석하는 이는 예수입니다. 예수는 우리에게 오셔서 말씀하십니다. "나는 섬기러 왔노라. 내가 네 발을 씻기마." 이런 말씀을 들으면 우리는 당황합니다. 우리는 이 길보다 쉬운 길을 바라기 때문입니다. 주님이 하라는 대로 다 하다가는 그다음에 더 큰 요구가 기다리고 있을까 봐 덜컥 겁이 납니다. 그래서 적당한 선에서 타협을 시도합니다. "예수님, 너무 그러지 마세요. 무슨 발을 씻기세요. 부담스럽게. 운동화나 하나 사 주세요." 이 자리를 못 넘어갑니다.

하나님이 이스라엘을 바벨론에 팔아넘겨 하나님 당신이 모욕을 받으십니다. 당시 바벨론은 이 상황을 보며 외칩니다. "우리가 믿는 신이 너희가 믿는 여호와를 이겼다." 우리가 늘 하나님에게 항의하는 내용이 이것입니다. "세상은 하나님을 모르지만 우리는 하나님을 알아 언제나 하나님을 편드는데, 왜 저들이 큰소리치고 우리는 죄지은 양 살아야 합니까?" 여기가 가장 억울합니다. 그런데 이 길을 예수가 걸어오셨습니다. "모든 사람이 나를 보고 머리를 흔들며 이르기를 하나님이 저를 버렸다 하는도다" 하는 자리를 지나오신 예수님입니다. 이사야 53장에 나온 이야기입니다. 그러니 우리는 하나님이 우리의 구원을 위하여 행하신 일을 보면서 우리에게 일어난 일들이 다만 잘잘못을 가리는 문제에 그치는 것이 아니라 더 큰일을 위한 것임을 알아야 합니다. 이게 아니면 안 된다, 이것은 아니다, 싶은 것도 알고 보면 정말 아닌 것이 아니기 때문에, 우리가 옳다고 여기는 차원을 넘어서 있는 것을 담고 있다고 생각해야 합니다. 하나님은 한 차원밖에 알지 못하는 우리를, 틈을 비집고 벌리고 위로 끌어올려 우리가 그 너머를 보기 원하신다는 것을 기억해야 합니다.

5

욥은 온전한 자입니다. 이것이 욥기가 전제로 삼은 설정입니다. 성경은 욥을, 하나님을 경외하며 악에서 떠난 자라고 소개합니다. 그는 자녀들의 생일마다 잔치를 베풀고 난 다음 항상 제사를 드려 자녀들이 부지불식간에 저지른 잘못마저 회개합니다. 그런 욥에게 환난이 닥칩니다. 욥의 소식을 듣고 그의 세 친구들이 멀리서 찾아옵니다. 욥의 엄청난 불행에 처음 며칠은 침묵하고 있다가 대뜸 입을 엽니다. "이런 환난이 온 것은 네가 무엇을 잘못했기 때문이다. 그러니 어서회개해라." 욥은 환장할 지경입니다. "도대체 나는 내가 뭘 잘못했는지 모르겠다." 욥의 말에 친구들은 "네 말하는 꼬락서니를 보니 넌 정말 안 되겠다"라고 단정해 버립니다. 평소 우리가 자주 하는 짓입니다. 서로 시비를 가리며 싸우다가 할 말이 없어지면 "너 진짜 교만하구나"라고 딱 잘라 말해서 상대방으로 할 말이 없게 만들어 버립니다. 이 말에 걸려들지 않을 사람이 없습니다. 우리도 다 이런 데 묶여 있습니다.

욥이 겪는 고난과 그가 내지르는 비명과 원망이 결국 어디로 갑니까? "하나님, 이것은 말이 안 됩니다. 그러니 하나님이 나와서 답해 주십시오. 저는 하나님을 꼭 만나 답을 들어야겠습니다." 그렇게 욥은 그가 원래 있던 자리에서 다른 자리로 옮겨 갑니다. 연기하던 무대 위에서 주최자의 자리로, 인과율만이 전부이던 자리에서는 더 이상 발붙일 수 없어 창조의 세계로 이끌려 갑니다. 인과법칙이 전부인 세상에서 세친구로부터 압박을 당하고 쫓겨나 '창조의 세계'로 들어오게 된 것입니다. 여기서 말하는 '창조의 세계'는 창조된 세계를 말하는 것이 아니라 창조자이신 하나님과 동역하는 세계를 의미합니다. 하나님은 여전히 창조자로 계신다, 하나님은 당신이 만들어 놓은 세계의 인과율이나 자연법칙에 매이지 않으신다, 당신이 만들어 놓은 무대에서 예술을 창조하고 계신다, 주인공은 우리다, 우리를 자연 세계 질서와 조건 속에 넣어 두셨지만 자연의 일부가 되게 하거나 자연에 구속되게 하는 것이 아니라 그 안에 하나님의 형상과 하나님의 통치를 담는, 하나님과 함께하는 동역자의 지위로 훌쩍 붙들어 올리시는 것입니다.

이것이 목회자의 사역이자 지위이며 자리입니다. 하나님의 종이다, 말씀을 선포한다, 양떼를 돌본다, 라는 것이 하나님이 우리에게 준 자리이고 지위입니다. 사도행전 3장에 나온 앉은뱅이를 일으킨 사건이 이를 잘 보여 줍니다. '은과 금은 내게 없거니와 내게 있는 이것을 네게 주노니 나사렛 예수 그리스도의 이름으로 일어나 걸으라'(행 3:6). 이런 기적이 보여 주려는 것이 무엇일까요? 세상 질서와 법칙으로는 일어날 수 없는 일이 일어났다, 한 인간의 정체성과 내용은 우리가 아는 교육이나 상식이나 능력으로는 다 설명할 수 없다, 그렇습니다. 하나님은 우리가 이런 틀에 붙잡혀 들어와 갇히는 것에 그토록 화를 내십니다. 그래서 하나님은 결코 우리의 우상숭배에 타협하지 않겠다고 하신 것입니다.

우상숭배에 대해 이야기하다 보면, 종종 이런 논의가 따라 나옵니다. 국기에 대한 경례가 우상숭배냐 아니냐 하는 논의 인데, 우상숭배에 대해 이런 수준에서밖에 논하지 못하면 문 제가 큽니다. 초등학생 수준이나 마찬가지입니다. 이처럼 편 협한 본문만 가지고 있을 때에는 하나님 외에 다른 누구에게 도 절할 수 없다는 주장을 고수할 뿐입니다. 그런데 우리가 가진 본문이 더 깊고 풍성한 내용이라면 좀 더 나아가게 됩 니다.

이런 맥락을 따라 용기에 대해서 생각해 볼까요. 사람이 성 숙해지면 그저 힘세고 용맹한 것이 용기가 아니라 비겁함과 외면을 견디는 것이 용기라는 것을 알게 됩니다. 진정한 용 기가 무엇인지 보여 주는 이야기가 있습니다. 삼국지에 이런 이야기가 나옵니다. 적벽대전 당시 관우가 화용도에서 조조 의 목숨을 살려 준 이야기입니다. 공명은 장군들에게 자신이 지시한 장소에 각각 숨어 있다가 조조를 기습하라고 명하는 데, 유독 '천하의 명장' 관우에게만은 명령을 내리지 않습니 다. 이에 관우가 발끈합니다. "다른 사람들에게는 다 명을 내 리면서 왜 나에게는 명을 내리지 않는 것이오?" 이에 공명이 "장군은 조조에게 은혜를 입은 옛정을 생각해서 그를 놓아

줄 것이 분명하기에 보내지 못하오"라고 대답합니다. 그러자 관우는 "절대 놓아주지 않겠소. 내가 명을 어기면 벌을 받겠소" 하며 군령장을 쓴 후 화용도로 갑니다. 조조가 그곳에 오자 예상대로 관우는 그를 놓아주고 맙니다. 이제 관우는 입이 있어도 할 말이 없게 되었습니다. 군령을 받고도 조조를 놓아주고 말았으니 명을 어긴 것입니다. 돌아온 관우가 자책감에 자결하려고 하자 부하들이 관우를 붙잡고 말립니다. 그제야 비로소 관우는 제정신이 돌아옵니다. 자살은 비겁하다, 가서 죗값을 치르자, 하며 벌을 받으러 갑니다.

용기란 바로 이런 것입니다. 수치를 당할 용기, 오해를 받을 용기가 진정한 용기입니다. 수치와 오해, 그런 것으로 막을 수 없는 신앙의 경지를 하나님이 우리에게 요구하십니다. 이런 하나님의 하나님 되심과 당신의 백성을 향한 무궁무진한 은총의 현실을 이해하는 것, 그것이 우리의 당연한 책임이자 분별이어야 합니다.

6

예수를 믿는다는 말은 무엇일까요? 예수를 믿는 것이 가장 분명해 보이는 때는 사영리(四靈理)를 전하고 사영리로 전도 받던 때입니다. "사영리를 아십니까?"라는 질문을 시작으로 전도하던 시절이 있었습니다. 생각해 보면 그때가 가장 분명하고 확실했습니다. 하지만 사영리 전도가 기독교의 전부는 아닙니다. 시작에 불과합니다.

마치 우리가 실생활에 적용하려고 구구단을 외워 두는 것과 같은 이치입니다. 예를 들어, '9×3=27'을 외웠다고 해서 이 공식이 에누리없이 딱 들어맞는 사례는 드뭅니다. 예외도 많고 변수도 많습니다. "여기 9명이 모여 있는데, 빵을 세 개씩 나눠 주려면 몇 개 사오면 될까? 9×3 = 27이니 스물일곱 개를 사오면 된다." 그렇다고 구구단대로 꼭 스물일곱 개만 사올 필요는 없습니다. 사고 싶은 만큼 사면 됩니다. 그냥 서른 개쯤 사서 빵 심부름을 보낸 사람도 하나 먹고 심부름을 한 사람도 좀 먹어야 할 것입니다. 구구단을 알지만 거기에 매이지 않습니다. 구구단이 필요 없다는 이야기가 아닙니다.

구구단은 분명한 법칙이지만 수학의 시작에 불과합니다. 앞서 사영리 전도도 마찬가지입니다. 그럼에도 여전히 한국 교회가 '분명함'을 최고의 가치로 치는 것은 한국 교회의 현실이 잘못되어서 그런 것이 아닙니다. 연륜이 아직 짧아서 그렇습니다. 더 나아가야 하는 지점이 있는데, 쉽지 않아서 그렇습니다. 여러분이 많이 배웠다면 그 배움으로 성경을 이해하고 인생도 이해하는 안목을 기르십시오. 성경이 현실을 얼마나 잘 이야기하고 있는지 깨달아야 합니다. 현실에서는 죄와 사망과 나쁜 놈들이 판치지만 그들이 감독이나 제작자는 아닙니다. 감독은 하나님이시고 주인공은 우리입니다. 현실에서 판치고 있는 세상은 악역에 불과합니다.

저는 설교할 때 영화 〈벤허〉를 자주 예화로 들곤 합니다. 주인공은 벤허이지만, 여기에 등장하는 사람 중 지위가 가장 높은 사람은 시저입니다. 그런데 시저는 이 영화에서 딱 한 번 나옵니다. 나중에 벤허가 풀려나 아리아스 제독의 승전식에 참석하여 황제 앞에 소개되는데, 벤허가 결백하다는 판결을 내리는 장면에서만 시저가 등장할 뿐입니다. 그러니 이 역할은 일당 5만 원짜리 단역배우가 맡아도 무방합니다. 이처럼 영화에서 제일 중요한 사람은 최고 높은 자리에 있는 사람이 아닙니다.

하나님이 이스라엘 백성에게 베푸셨던 역사적 사건 속에 무엇이 녹아 있는가, 하나님이 당신의 백성을 백성답게 만들기 위해 어떻게 일하셨는가, 이 모든 것이 우리가 전부라고 알고 있는 차원을 어떻게 넘어가게 하는지를 배워야 합니다. 이 문제는 제3 이사야에서 더 깊은 주제로 전체를 다시 조망하게 합니다. 우선 이번 장을 통해서 '타협하지 않으시는 하나님'을 만나게 됩니다. 이 하나님은 성경 어디서나 드러나는데, 특히 호세아서에서 분명하게 드러납니다.

예수의 오심 자체가 그렇습니다. 모든 선지자가 실패하고 이스라엘 역시 실패했으나 예수가 오십니다. 그러나 예수가 오셨음에도 이스라엘은 실패합니다. 그들은 지금도 여전히 실패합니다. 그런데도 바울은 이스라엘의 구원을 확신합니다. 이 이야기가 로마서 9장에서 11장에 걸쳐 등장합니다.

이스라엘의 구원을 확신하는 것은 사실 대단한 일입니다. 그들은 지금도 여전히 믿지 않기 때문입니다. 그런데도 바울은 이스라엘의 회복을 믿습니다. 어떻게 그럴 수 있었을까요? 하나님은, 이스라엘이 제사장 국가로서의 역할을 받아들여 이스라엘의 순종으로 말미암은 혜택이 이방까지 넘쳐흐르도록 목적하셨는데, 이 일에 이스라엘은 실패하고 맙니다. 열방에 제사장 나라로 세우신 이스라엘이 실패했으니 우리 같은 이방에는 아예 기회가 주어지지 않아야 맞는데, 이스라엘이 실패하자 도리어 복음이 이방에 전해집니다. 이스라엘이 잘해야 이방에 전해질 수 있는데, 실패했음에도 이방에 전해지게 된 것입니다. 오히려 더 크고 더 넘치게 전해졌습니다.

바울은 역사를 통해 이런 사실을 확인하였기에, 이방은 예수를 알지도 못했는데 믿게 되었다, 그렇다면 알고서 못나게 굴었던 사람들은 얼마나 더 구원을 받겠느냐, 하는 이런 말도 안 되는 논리를 펼친 것입니다. 성경이 하는 이야기가 이것입니다. 모르고도 구원 받았는데, 알고라도 있던 자는 얼마나 더 구원 받겠느냐, 참으로 기가막힌 이야기입니다.

흔히 우리가 하는 이런 오해가 다른 본문에서도 발견됩니다. 디모데전서 1장 12절 이하에서 사도 바울이 이런 고백을 합니다. "나를 능하게 하신 그리스도 예수 우리 주께 내가 감사함은 나를 충성되이 여겨 내게 직분을 맡기심이니 내가 전에는 비방자요 박해자요 폭행자였으나 도리어 긍휼을 입은 것은 내가 믿지 아니할 때에 알지 못하고 행하였음이라"(딤전 1:12-13). 그때는 내가 알지 못하고 행했다, 알지도 못하면서 예수를 거역했다, 라는 의미인데, 대개 우리는 '알지 못하고'를 면죄부처럼 쓰는 경향이 있습니다. 알고 그런 게 아니라 몰라서 그랬다고 하면, 알면서도 잘못한 것보다는 좀 낫다고 쳐주는 편입니다. 그런데 성경이 하는 이야기는 이것입니다. 모르면 기회도 없었다, 실패한 사람들은 최소한 알고는 있었다, 그러니 알고라도 있던 사람들에게는 기회가 더 있지 않겠냐, 그런 이야기입니다.

이런 차원에서 보면 우리가 자주 내세웠던 진심, 순수, 순진과 같은 단어는 이제 쓰면 안 되겠다는 생각이 듭니다. 열살까지만 순진하고 순수하게 살고, 그다음부터는 깊이와 지혜와 내용을 갖추어야 합니다. 순수나 진심이 잘못이라는 이야기가 아닙니다. 진심에 내용이 담겨 있어야 한다는 의미입니다. 그릇은 깨끗한데, 내용물이 담겨 있지 않으면 아무 소용이 없습니다. 무엇이라도 담아야 할 것 아닙니까. 한국 교회가 여태 해 온 일은 그릇을 깨끗이 닦는 일 말고는 없었습니다. 금식 기도를 그렇게 많이 했던 이유가 그것입니다. 괜히 금식하려 애쓰지 말고 잘 먹고 힘내서 기도하고 일하십시오. 금식이 소용없다는 이야기가 아닙니다. 금식 말고는 증명할 방법이 없어서 그러는 거라면 하지 않는 편이 더 낫다는 말입니다.

　요리를 못하는 어떤 주부가 있는데, 청소는 잘합니다. 살림을 잘하고 싶은데, 상당한 내공과 실력이 필요한 요리는 쉽지 않으니 대신 청소라도 잘해 보려는 것입니다. 그래서 밥을 잘 안 차려 줍니다. 우리 목회자들도 그럴 수 있습니다. 진심을 가졌다는 이유만으로 설교에 양식을 안 담고, 그저 서슬 퍼렇게 자기 진심만 보여 주고 내려올 위험이 있습니다. 그래서는 안 됩니다. 양식이 있어야 합니다. 어제 불고기 먹였다고 오늘 굶겨서는 안 됩니다. 때가 되면 라면이라도 끓여 줘야 합니다. 영혼의 양식을 끊임없이 공급해 주어야 합니다. 그러니 열심히 공부하고 기도하고 성경이 가진 이 풍성한 재료로 먹을 수 있는 음식을 만들어 내놓아야 합니다. 설교는 성경의 재료로 먹을 수 있는 음식을 요리해 내놓는 일입니다. 약 먹고 건강해지는 것이 아니라 밥 먹고 건강해집니다. 기억도 안 나는 그 어느 날의 평범한 밥에 평범한 반찬을 먹고 큰 것입니다. 그러니 밤낮 신통한 부흥사를 불러다 성도들에게 보약 먹이려 들지 말고 때를 따라 일용할 양식을 내놓으십시오.

이사야서를 강해하면서 통찰이니 안목이니 이런 이야기를 하는 이유가 바로 이것입니다. 폭넓은 안목이나 통찰 없이, 이사야를 처음부터 끝까지 세세하게 다 잘라서 먹을 수 있게 내놓는 일은 무의미합니다. 안목과 통찰을 가지고 여러분 생애 속에 일어나는 자기 현실을 말씀 앞에 갖다 놓고 이 둘을 비벼 낼 수 있어야 합니다. 현실과 성경을 따로 놀게 해서는 안 됩니다. 이번 특강이 여러분에게 어떤 안목이 열리는 계기가 되기를 바랍니다.

이사야 53장은 예수 그리스도의 모습, 실체, 모범, 그 이상
의 것을 담고 있습니다. 5절을 보면, "그가 찔림은 우리의 허
물 때문이요 그가 상함은 우리의 죄악 때문이라 그가 징계를
받으므로 우리는 평화를 누리고 그가 채찍에 맞으므로 우리
는 나음을 받았도다"라는 말씀이 등장하고, 이어 8절을 보면
"그는 곤욕과 심문을 당하고 끌려 갔으나 그 세대 중에 누가
생각하기를 그가 살아 있는 자들의 땅에서 끊어짐은 마땅히
형벌 받을 내 백성의 허물 때문이라 하였으리요"라는 말씀
이 등장합니다. 그런데 사람들은 대개 이런 구절들에서 예수
의 대속 사역 곧 억울한 고난 그 자체에만 집중할 뿐, 고난과
대속에 담긴 진정한 의미는 알아보지 못합니다. 이사야 53장
은 하나님이 당신의 뜻을 이루시는 방식을 이렇게 증언하는
데, 우리는 잘 알아보지 못합니다.

　1절 말씀부터 찬찬히 봅시다. "우리가 전한 것을 누가 믿었
느냐 여호와의 팔이 누구에게 나타났느냐." 믿지 않는 사람
들이 우리더러 '저런 미친 사람들'이라고 비웃는 식으로 하
나님은 복음을 증거하고 계시다는 이야기입니다. 우리로서
는 억울합니다. 목회자로 사는 데에 가장 큰 걸림돌이 있다

면 아마 자존심일 것입니다. '이래 봬도 내가 목사인데' 하는 자존심에 발목이 잡힙니다. 자존심이 다 꺾여야 한다는 말이 아닙니다. 더 높은 가치로 나아가야 한다는 말입니다. 2절을 보면, 예수님은 '주 앞에서 자라나기를 연한 순 같고 마른 땅에서 나온 뿌리 같아서 고운 모양도 없고 풍채도 없은즉 우리가 보기에 흠모할 만한 아름다운 것이 없'었다고 합니다. 목회자가 버려야 할 생각은 '교회는 멋있어야 한다'는 강박일지 모릅니다. 멋있어야 한다는 강박관념은 버리고 실제로 멋있어지십시오. 세상이 말하는 증거들로 멋져 보이는 것이 아니라 세상이 멋있다고 평가하는 차원을 뛰어넘어야 합니다. 세상이 말하는 승리나 자랑과는 격이 다른 승리와 자랑이 있는 자리로 나아가야 합니다.

제가 하고 싶은 이야기가 바로 이 구절에 담겨 있습니다. "그는 멸시를 받아 사람들에게 버림 받았으며 간고를 많이 겪었으며 질고를 아는 자라 마치 사람들이 그에게서 얼굴을 가리는 것 같이 멸시를 당하였고 우리도 그를 귀히 여기지 아니하였도다"(사 53:3). 참으로 기막힌 말씀입니다. 신학교 입학할 때 인물이나 능력을 보고 뽑지 않은 것이 얼마나 다행인지 모릅니다. 그런데 막상 신학교에서는 학생들을 능력 일변도로 가르치는 것 같습니다. 하나님이 하고자 하시면 얼마든지 하실 수 있다는 사실을 마치 모르는 사람들처럼 말입니다.

하나님이 하시면 반석에서 물이 나오고 홍해가 갈라집니다. 돌에서도 은혜가 흘러나오는 것입니다. 우리에게도 이런 배짱이 있어야 합니다. 우리가 설교를 잘해야 성도들이 은혜를 받는 것이 아닙니다. 생각 없이 한 이야기로도 얼마든지 '오병이어 기적'을 베푸실 수 있는 하나님입니다. 오병이어처럼 보잘것없는 것을 들어 하나님이 일하십니다. 얼마든지 하십니다. 그런데도 '아, 기독교는 정말 이런 것이구나' 하는 감탄과 증언은 온데간데없고 전부 다 길거리 약장수처럼 되어 버렸습니다.

요즘 목회자들이 하는 고민은 이렇습니다. 교회가 부흥하지 않으면 내가 무엇인가 잘못했나 보다, 하고 생각합니다. 이런 생각은 부흥 시대를 겪고 난 후유증이라 할 수 있습니다. 실력이 없거나 기도가 부족해서 부흥하지 못했지, 제대로 잘했으면 부흥했을 것이라는 착각입니다. 목회자만 이런 생각을 하는 것이 아니라 성도들도 합니다. 우리 목사님에게 뭔가 문제가 있어서 부흥하지 않는다며 의심의 눈초리를 보냅니다. 그런 시선을 견디고 그 욕을 잠잠히 들으십시오. 말싸움해서 이기면 되는 문제가 아닙니다. 이사야 53장을 계속 보겠습니다.

> 그는 실로 우리의 질고를 지고 우리의 슬픔을 당하였거늘
> 우리는 생각하기를 그는 징벌을 받아 하나님께 맞으며 고
> 난을 당한다 하였노라 그가 찔림은 우리의 허물 때문이요
> 그가 상함은 우리의 죄악 때문이라 그가 징계를 받으므로
> 우리는 평화를 누리고 그가 채찍에 맞으므로 우리는 나음
> 을 받았도다 우리는 다 양 같아서 그릇 행하여 각기 제 길로
> 갔거늘 여호와께서는 우리 모두의 죄악을 그에게 담당시키
> 셨도다 (사 53:4-6)

이스라엘 백성이 예수에게 굴었던 방식대로 목회자를 대하
는 성도들이 많습니다. 자기네 죄악과 무지를 목사에게 지우
려고 합니다. 그런 면에서 보자면 바로 우리 목회자들이 이
시대의 메시아입니다. 그리고 신자들은 자기 시대와 자기 나
라에서 메시아입니다. 이 짐을 벗으려고 해서는 안 됩니다.
변명하거나 설명할 필요가 없습니다. 이사야 53장에서 우리
를 가장 놀라게 하는 대목은 아마 7절일 것입니다.

> 그가 곤욕을 당하여 괴로울 때에도 그의 입을 열지 아니하였

음이여 마치 도수장으로 끌려 가는 어린 양과 털 깎는 자 앞
에서 잠잠한 양 같이 그의 입을 열지 아니하였도다 (사 53:7)

침묵하셨다고 합니다. 변명하거나 설명할 문제가 아니기에
그랬을 것입니다. 끊임없이 설명하고 타일러 사람들이 설득
되면 십자가를 지지 않아도 되는 그런 문제가 아니기 때문
입니다. 십자가를 지는 일은 하나님이 우리의 구원을 이루기
위해 미리 정하신 방법입니다. 그래서 예수님은 당신이 죽어
야 한다고 했을 때 "주여, 그리 마옵소서"라고 말렸던 베드로
를 사탄이라고 꾸짖으셨습니다. "사탄아, 물러가라. 너는 나
를 넘어지게 하는 자로다. 네가 사람의 일을 생각하고 하나
님의 일을 생각하지 않는도다."

8

구원에서 십자가와 고난은 반드시 필요한 것으로, 구원의 관
건입니다. 기독교 신앙에서 이보다 귀한 것은 없습니다. 하
나님의 종으로 부름받은 일의 최고 명예는 우리가 하나님의
창조와 구원 사역에 동역자로 참여하는 데에 있습니다. 예수

님처럼 하나님을 향해 '아버지'라고 부를 수 있는 자리에 초대받는 것입니다. 굉장한 명예입니다. 더 할 수 있는데 못한 것이 아니라 더 할 수 있는 모든 것이 십자가 곧 예수의 죽음만 못하다는 이야기입니다. 죽음이 최고입니다. 죽는 것은 좌절도 아니고 망하는 것도 아닙니다. 예수의 죽음은 하나님이 요구하신 방법인데, 세상이 이를 못 알아본 것입니다. 세상은 저게 무슨 메시아냐, 십자가에 죽은 자가 어떻게 하나님일 수 있느냐 하며 비웃습니다. 이 모욕을 감당할 수 있겠습니까? 곤욕을 당하는 일이 분하더라도, 성경이 그렇게 말씀하고 있으니 인내하기 바랍니다. 이런 일로 예수님이 어떤 오해를 받으셨는지 8절을 봅시다.

> 그는 곤욕과 심문을 당하고 끌려 갔으나 그 세대 중에 누가 생각하기를 그가 살아 있는 자들의 땅에서 끊어짐은 마땅히 형벌 받을 내 백성의 허물 때문이라 하였으리요 (사 53:8)

우리가 잘못 생각하는 것이 있습니다. 목사가 욕을 먹는 것은 목사가 잘못해서이고, 세상이 교회를 욕하는 것은 교회가 잘못해서라고 말입니다. 세상은 교회가 잘못해서 욕하는 것이 아니라 교회가 미워서 욕하는 것입니다. 그 곤욕을 그

대로 당하십시오. 교회를 욕하는 이야기가 요즘 더 많이 들립니다. 그런데 그런 수치스러운 일이 무엇을 이룰지는 아직 모릅니다.

성령강림 사건을 생각해 봅시다. 오순절에 성령이 임했을 때에도 세상은 사도들을 보며 술 취했다고 조롱하였습니다. 이것이 세상의 판정입니다. 그러니 지금 일어나는 안 좋은 일이 무슨 일을 할지는 아직 모르는 것입니다. 뉴스에 오르내리는 교회를 가리키며 모두가 "저 교회는 잘 좀 하지. 왜 이렇게 엉망으로 해서 기독교를 욕 먹이냐"와 같은 이야기를 하더라도 여러분 입으로는 하지 마십시오. 그 일은 그 교회에 맡기고 여러분은 여러분 역할을 하십시오.

예수님이 죽으셨을 때 제자들이 모두 예수님을 버리고 떠났습니다. 이미 죽어 버린 예수를 지키고 있어 봤자 소용없을 거라는 생각 때문이었을 것입니다. 그 일이 얼마나 어려웠던지 예수 곁을 지키는 이가 아무도 없었습니다. 예수님이 죽자 전부 도망쳤던 제자들처럼 우리도 교회가 욕을 먹을 때면 도망가고 싶습니다. 그렇더라도 도망가지 말고 그 자리를 지키십시오. 물론 교회가 욕먹을 만큼 잘못한 것은 맞습니다. 그렇다고 교회를 비난하는 일에 욕을 보태기보다 여러분은 여러분 자리를 지키십시오. 세상을 따라 교회를 비난하는 일일랑 하지 말기 바랍니다. 여러분에게서 생수가 흘러나오고, 여러분에게서 하나님의 일하심이 나타나게 하십시오. 자기가 맡은 일에 대해 짐을 덜려고 해서는 안 됩니다. 한국 교회가 칭찬을 받으면 목회도 쉬워지고 욕을 먹으면 목회도 어려워질 것이라 생각합니까? 어렵고 쉽고는 하나님 손에 달려 있지, 우리가 선택할 문제가 아닙니다. 이사야 53장이 우리에게 가르치는 바입니다.

> 여호와께서 그에게 상함을 받게 하시기를 원하사 질고를 당하게 하셨은즉 그의 영혼을 속건제물로 드리기에 이르면 그가 씨를 보게 되며 그의 날은 길 것이요 또 그의 손으로 여호와께서 기뻐하시는 뜻을 성취하리로다 (사 53:10)

예수의 영혼이 속건 제물로 드려져야 했습니다. 속은 썩고 망해서 하소연할 데도 없는데, 도무지 해결책이 보이지 않는 길을 걸어가야 했던 것입니다. 그동안 한국 교회는 이 길을 걸으라는 요구를 추상명사나 명분으로 제시하곤 하였습니다. 그러나 순교, 결사 각오, 이런 단어들을 구호로 내걸어 그 뒤에 숨지 말고 하나님이 이 길을 당신의 영광과 지혜와 권능으로 선언하셨다는 것을 기억하기 바랍니다. 빌립보서 2장 6절

이하를 봅시다.

> 그는 근본 하나님의 본체시나 하나님과 동등됨을 취할 것
> 으로 여기지 아니하시고 오히려 자기를 비워 종의 형체를
> 가지사 사람들과 같이 되셨고 사람의 모양으로 나타나사
> 자기를 낮추시고 죽기까지 복종하셨으니 곧 십자가에 죽으
> 심이라 이러므로 하나님이 그를 지극히 높여 모든 이름 위
> 에 뛰어난 이름을 주사 하늘에 있는 자들과 땅에 있는 자들
> 과 땅 아래에 있는 자들로 모든 무릎을 예수의 이름에 꿇게
> 하시고 모든 입으로 예수 그리스도를 주라 시인하여 하나
> 님 아버지께 영광을 돌리게 하셨느니라 (빌 2:6-11)

하나님이 예수의 죽음과 고난을 당신의 영광으로 삼으십니
다. 이런 모순, 이런 역설, 이런 말이 안 되는 이야기가 성경
에 많이 등장합니다. 성경은 이런 말이 안 되는 이야기를 하
여 우리를 우리가 속해 있는 차원 너머로 이끌어 가는데, 한
차원밖에 모르는 우리는 당황해서 어쩔 줄 몰라 합니다. 이
제 이사야 55장으로 가 보면 하나님이 다음과 같은 초청으로
우리를 부르시는 음성을 들을 수 있습니다. "오호라 너희 모
든 목마른 자들아 물로 나아오라 돈 없는 자도 오라 너희는

와서 사 먹되 돈 없이, 값 없이 와서 포도주와 젖을 사라"(사 55:1). 초대는 계속 이어집니다. "너희는 여호와를 만날 만한 때에 찾으라 가까이 계실 때에 그를 부르라 악인은 그의 길을, 불의한 자는 그의 생각을 버리고 여호와께로 돌아오라 그리하면 그가 긍휼히 여기시리라 우리 하나님께로 돌아오라 그가 너그럽게 용서하시리라"(사 55:6-7).

9

앞서 인용한 이사야 55장에 나온, 목마른 자들아 물로 나아오라, 회개하라, 여호와를 만날 만한 때에 찾으라, 가까이 계실 때에 그를 부르라, 이런 말씀을 읽게 되면 우리는 초시간적 결심, 각오, 각성 같은 것으로 결론을 내리고 빨리 교훈을 삼아 버립니다. 그런데 이런 초청을 통해 하나님이 마침내 우리를 어디로 끌고 가는지 따라가 봅시다. 8절입니다.

이는 내 생각이 너희의 생각과 다르며 내 길은 너희의 길과 다름이니라 여호와의 말씀이니라 이는 하늘이 땅보다 높음 같이 내 길은 너희의 길보다 높으며 내 생각은 너희의 생각보다 높음이니라 이는 비와 눈이 하늘로부터 내려서 그리로 되돌아가지 아니하고 땅을 적셔서 소출이 나게 하며 싹이 나게 하여 파종하는 자에게는 종자를 주며 먹는 자에게는 양식을 줌과 같이 내 입에서 나가는 말도 이와 같이 헛되이 내게로 되돌아오지 아니하고 나의 기뻐하는 뜻을 이루며 내가 보낸 일에 형통함이니라 너희는 기쁨으로 나아가며 평안히 인도함을 받을 것이요 산들과 언덕들이 너희 앞에서 노래를 발하고 들의 모든 나무가 손뼉을 칠 것이며 잣나무는 가시나무를 대신하여 나며 화석류는 찔레를 대신하여 날 것이라 이것이 여호와의 기념이 되며 영영한 표징이되어 끊어지지 아니하리라 (사 55:8-13)

본문은 시간과 과정을 이야기합니다. '목마른 자들아 나아오라. 너희 죄인들아 와서 회개하라. 여호와를 만날 만한 때에 찾으라'라는 말씀은, 한 번 나아오고 한 번 회개하고 한 번 만나면 끝나는, 이렇게 초시간적 각오나 결심, 득도(得道) 같은 것으로 완성되는 일이 아닙니다. 시간 속에서 과정을 거쳐 이루어지는 일입니다. 비가 내리면 바로 하늘로 되돌아가지 않고 시내를 이루고 강이 되고 바다에 이르는 동안, 땅을 적셔 밭에 농작물을 내고 수력발전기도 돌리고 강물에 배를 띄

우고 하듯이, 하나님이 우리에게 하시는 일은 우리를 더 큰데로, 우리가 가진 생각과 소원보다 더 원대한 곳으로 이끈다는 것을 잊지 말아야 합니다.

그런데도 우리는 어떤 신앙 현실이 가장 불만일까요? 우리는 한 번 올바른 선택과 각오와 헌신을 하면, 그다음에는 저절로 안심이 따라오는 현실을 요구합니다. 이런 안심은 40일 금식 기도를 해야 생기는 것인지, 집을 팔아 헌금해야 생기는 것인지, 아니면 둘 다 해야 얻어지는 것인지 몰라서 헤매고 다닙니다.

'십자가 신학'이란 단어를 만든 루터는 이런 말을 남겼습니다. '최고의 우상숭배는 안심이다.' 십자가 신학이란 무엇일까요? 의심, 불안, 공포라고 루터는 말합니다. 신앙 현실이란 어떤 것일까요? 늘 아슬아슬하고 겁이 나는 삶입니다. 이것이 믿음의 과정입니다. 믿음의 과정은 원래 이런 것인데도 우리는 자주 오해합니다. 내가 무엇을 잘못했기에 이렇게 갈등 속에서 아슬아슬하고 불안하고 자꾸 도망가고 싶은 마음이 드는지, 왜 내 마음이 평안을 얻지 못하는지 하는 생각에서 헤어나지 못합니다. 과연 신자의 인생은 평안할까요? 신자의 인생에 평안이란 없습니다. 예수님은 어떠셨을까요? 그가 십자가에서 하신 말씀을 떠올려 보십시오. '나의 하나님,

나의 하나님, 어찌하여 나를 버리셨나이까'라고 탄식하며 절규하셨습니다.

예전에 목사님들을 만나면 대개 이런 대화를 나눴습니다. "목사님, 요즘은 좀 어떠세요? 건강하세요?" 얼마 전 그 목사님이 아프다는 이야기를 들어서 그렇게 물어본 것입니다. 그러면 그 목사님은 "네. 아주 건강합니다. 걱정 마세요"라고 대답했습니다. 어떻게 묻든지 돌아오는 대답은 언제나 당신은 괜찮고 평안하다는 것이었습니다. 그 시대에는 왜 그런 이야기만 했을까요? 불안과 의심이 일면 다 죄라고 여겼기 때문입니다.

앞서 말씀드렸듯, 이스라엘 역사에서 가장 큰 사건 중 하나는 '바벨론 포로 사건'입니다. 하나님이 이스라엘을 바벨론에 넘겨 당신이 모욕 당하는 수치를 감수하십니다. 우리가 걸어온 길을 돌아보면, 우리 인생에서 가장 잘한 일은 성공하고 잘나가던 시절에 이룬 업적이 아닙니다. 철없고 실력 없던 시절에 했던 오해와 후회와 원망이 후에 더 깊고 풍성한 일을 만들어 냈음을 알게 됩니다. 이런 경험이 다들 한 번쯤 있을 것입니다. 잘하지 못했던 것이 다만 무익한 실패만은 아니었음을 깨닫게 됩니다. 하나님이 예수 안에서 실패 같고 잘못된 길 같고 말이 안 되는 것 같은 일을 통해 우리의 구원을 이루셨듯이, 우리도 이런 안목으로 인생을 바라볼 수 있어야 합니다. 지금은 비가 내리는 중이다, 지금은 이 비가 스며드는 중이다, 지금은 작은 시내를 이루었다, 이제 곧 강을 이룰 것이다. 그렇게 생각해야 합니다. 그처럼 싹이 나고 꽃을 피우고 열매를 맺듯이 하나님은 시간 속에서 우리를 만들어 가십니다. 에베소서 5장에 가 봅시다.

누구든지 헛된 말로 너희를 속이지 못하게 하라 이로 말미암아 하나님의 진노가 불순종의 아들들에게 임하나니 그러므로 그들과 함께 하는 자가 되지 말라 너희가 전에는 어둠이더니 이제는 주 안에서 빛이라 빛의 자녀들처럼 행하라 빛의 열매는 모든 착함과 의로움과 진실함에 있느니라 주를 기쁘시게 할 것이 무엇인가 시험하여 보라 너희는 열매 없는 어둠의 일에 참여하지 말고 도리어 책망하라 그들이 은밀히 행하는 것들은 말하기도 부끄러운 것들이라 그러나 책망을 받는 모든 것은 빛으로 말미암아 드러나나니 드러나는 것마다 빛이니라 그러므로 이르시기를 잠자는 자여 깨어서 죽은 자들 가운데서 일어나라 그리스도께서 너에게 비추이시리라 하셨느니라 (엡 5:6-14)

여기 나온 14절은 이사야 60장을 여는 첫머리에도 등장합니다. "일어나라 빛을 발하라 이는 네 빛이 이르렀고 여호와의 영광이 네 위에 임하였음이니라." 이사야에 나온 구절을 에베소서가 인용한 이 말씀은, 다음과 같은 권면으로 이어집니다.

> 그런즉 너희가 어떻게 행할지를 자세히 주의하여 지혜 없는 자 같이 하지 말고 오직 지혜 있는 자 같이 하여 세월을 아끼라 때가 악하니라 그러므로 어리석은 자가 되지 말고 오직 주의 뜻이 무엇인가 이해하라 (엡 5:15-17)

그러니까 앞서 11절부터 나온 권면, 즉 어둠 속에서 행하던 악한 일들을 버려라, 어둠에 참여하지 말고 빛의 열매를 맺으라, 죽은 자들 가운데서 일어나 빛이 되어라, 이렇게 이야기하는 것은 초시간적 각성, 초시간적 결단, 초시간적 명분과 같은 어떤 이상의 완성을 요구하는 말씀이 아닙니다. 이런 방향으로 가는 분별이 우리 삶의 현장에 날마다 있어야 한다는 이야기입니다. 같은 방향을 향해 가더라도 한 걸음 간 것과 두 걸음 간 것은 엄연히 다른데, 빛의 자녀로 사는 것과 어둠의 자녀로 사는 것의 차이는 얼마나 엄청나겠습니까? 그리고 이 차이는 매일 점점 더 커집니다. 반복되는 일상을 통해 신자의 삶은 전진합니다.

그런데 한국 교회는 이 대목을 오해하여서 한 번 실패하면 여태 잘한 것까지도 전부 무효라고 생각합니다. 주일마다 자책이 가득한 얼굴로 와서 "하나님, 지난 한 주간도 죄만 짓다가 왔습니다"라는 기도를 여전히 반복합니다. 도대체 매일 뭐하다가 온 것입니까? 죄만 짓다 오지 말고 매주 한 걸음씩 더 나아갔어야 옳습니다. "하나님, 지난주에는 좋은 표정을 한 번 밖에 짓지 못했습니다. 이번 주에는 많이 짓고, 그다음 주는 좀 더 많이 짓는 사람이 되게 해 주옵소서. 더 따뜻하고 더 지혜롭고 더 배려하며 살게 하여 주옵소서"라고 기도해야 하고 또 기도한 대로 살아 내야 합니다.

10

앞서 이야기했듯, 순진함과 진실함만 있어서는 안 됩니다. 그 속에 실력을 넣어야 합니다. 추상명사만 홀로 돌아다니게 해서는 안 됩니다. 정직이란 단지 거짓말하지 않는 것만을 말하지 않습니다. 하나님 편을 드는 것이 정직이고, 하나님을 외면하는 것이 거짓입니다. 출애굽기에 나온, 모세를 살려 낸 산파들을 보십시오. 그들은 떳떳이 거짓말합니다. 정탐꾼을 숨겨 준 라합 역시 당당하게 거짓말합니다. 이들은 거짓을 말했으나 정직한 자들입니다. 하나님 편에 서 있기 때문입니다.

그런데 우리 신앙은 어떻습니까? 기독교 신앙이 가진 풍성함과 무성함, 인격의 깊이와 생명의 아름다움을 놓치고 있지는 않습니까. 이것을 놓치면 신앙이 추상명사나 인격 없는 명분으로 대체됩니다. 그렇게 무인격의 명분만 남으면 무정하고 비정해집니다. 분명 옳은 소리인데, 그 말을 하는 사람이 무섭습니다. 함께 있기 싫어집니다. 옳은 소리면 다정하게 들려야 합니다. 반갑고 고마운 사람이 되어야 합니다. 그런데도 자꾸 무섭게 굽니다. 신앙이 좋을수록 따뜻한 사람이 되는 것이 아니라 무서운 사람이 되어 갑니다.

교인 중에 제일 무서운 사람이 누구입니까? 기도원 다닌다는 사람입니다. 기도원만 다녀오면 자꾸 이따위 소리나 해 댑니다. "우리 교회는 기도하는 사람이 없어." 기도원 잘 다니는 본인이 기도 많이 하고 오면 될 일인데, 자꾸 다른 사람을 탓합니다. 이제 갓 믿은 구역 식구가 "권사님, 열심히 기도원 다니시는데, 저는 매번 못 가서 죄송합니다"라고 하면 "걱정 마.

기도 제목이나 알려 줘"라고 해야죠. "우리 교회는 사랑이 없어"라고 말하는 사람을 보면, 꼭 집어서 이렇게 말해 주고 싶습니다. "당신부터 좋은 표정 지어 봐." 서로에게 유익이 되어 줍시다. 제가 우리 교회에 제안한 표어가 하나 있습니다. '훌륭한 사람이 되지 말고 반가운 사람이 되자.'

복음이 왜 이렇게 무서워졌을까요. 예수님이 다시 오신다는 것이 공포가 되어 버렸습니다. 종말은 공포의 날이 아니라 하나님이 약속하셨던 승리가 드디어 임하는 날입니다. 그래서 "주여, 어서 오시옵소서"라며 양팔 벌려 환호할 수 있습니다. 그런데 우리는 그렇게 생각하지 않습니다. 주님이 재림하시기 전에 빨리 빚 다 갚고 흠을 다 없애서 다시 오시는 주님을 떳떳하게 만나야 한다고 생각합니다. 이것은 복음이 아닙니다. "주님이 오시기 전에는 용서와 은혜를 조금밖에 못 누려 왔다면, 주님이 다시 오시는 날은 풍성히 누리게 될 것을 믿사옵니다. 그래서 오늘도 마음 놓고 내 멋대로 삽니다." 그런 기도를 한 번쯤은 거쳐 와야죠. 그런데 우리에게는 예수 믿는 것이 그나마 갖고 있던 배짱마저 사라지고, 다시 일어날 기회도 날아가 버리는 무서운 것이 되고 말았습니다. 무시무시한 전쟁터로 변해 버린 것입니다. 일단 여기 모인 사람들의 표정부터 나쁩니다. 넉넉한 사람의 표정이 아님니다. 복음의 '복(福)'자가 점칠 복(卜)자가 된 것 같습니다. 창피한 일입니다.

11

이어 에베소서 말씀을 봅시다. 15절입니다. "그런즉 너희가 어떻게 행할지를 자세히 주의하여 지혜 없는 자 같이 하지 말고 오직 지혜 있는 자 같이 하여 세월을 아끼라 때가 악하니라"(엡 5:15-16). 세월을 아끼라는 말은 무슨 뜻입니까? 매일매일 커라, 하루를 헛되이 보내지 마라, 하루씩 커라, 이런 이야기입니다. 아마 우리가 잘못한 것까지 합하여 더 자라날 것입니다. 예전에 이런 광고를 본 적이 있습니다. '개구쟁이라도 좋다. 튼튼하게만 자라다오', '애들은 싸우면서 큰다.' 하나님이 우리에게 바라는 것도 이와 비슷할 것입니다. 로마서 8장에 나왔듯이 죄와 사망의 법을 생명과 성령의 법이 이기게 되어 있습니다. 이 배짱이 없다면 믿음이 있다고 할 수 없습니다. 우리가 저지른 실수가 우리 운명을 결정하지 못합니다. 우리에게 주신 삶은 우리의 실력을 키우기 위해 하나님이 허락하신 기회입니다.

우리 삶이 하나님이 허락하신 기회라는 것을 알았다면 직접 발로 뛰어 공을 힘껏 차 보십시오. 축구 경기를 구경만 하지 말고 몸소 뛰어들어 단내 나게 땀 흘려 보십시오. 자책골 넣었다고 울고, 동료들한테 욕먹고, 관중의 야유를 한 몸에 받고, 다음에 잘하겠다고 약속한 다음에 가서 두 골 더 넣고, 그것이 재미입니다. 그때 실력이 늡니다.

단체경기는 결국 팀워크의 문제입니다. 최고의 기술을 가진 11명을 모은 월드 베스트 팀보다 클럽 팀의 승률이 더 좋은 이유가 바로 이것입니다. 팀워크가 중요하기 때문입니다. 교회 공동체를 주신 이유도 이와 같습니다. 교회 공동체는 오케스트라와 같습니다. 웅장하고 놀랍습니다. 음악이라는 예술이 펼쳐지는 경지를, 혼자서는 이룰 수 없는 볼륨을 하나님이 교회에 요구하고 계십니다. 우리에게 시간과 과정과 기회를 주신 이유입니다. 너희 목마른 자들아, 와라, 너희 죄인들아, 여호와를 만날 만한 때에 찾으라, 지각하여 쥐꼬리만큼만 배우고 가는 인생이 되지 말고 일찍 하나님을 만나이 긴 시간 동안 명예와 영광을 위한 기회를 가져라, 그 안에서 자라 가라, 그렇게 요구하십니다.

이것이 18절에 나온 그 유명한 "술 취하지 말라 이는 방탕한 것이니 오직 성령으로 충만함을 받으라"라는 말씀에 담긴 의미입니다. 술 취하는 것을 방탕하다고 이야기합니다. 여기서 방탕은 도덕적 타락이 아니라 '낭비하는 것'을 의미합니다. 술 취하면 무엇을 낭비합니까? 시간을 낭비하게 됩니다. 시쳇말로 술 취하면 필름이 끊긴다고 합니다. 제정신으로 시간을 보낼 수 없습니다. 술 취함과 대비되어 나온 성령 충만은 부흥회 때 경험하는 황홀경을 말하지 않습니다. 하나님의 자녀가 매일의 삶에서 채움 받는 은혜, 하루만큼의 진전, 하루만큼의 누적, 하루만큼의 경험, 하루만큼의 기회를 말합니다.

그러니 제2 이사야에서 하는 말은 무엇이겠습니까? 너희 회복과 너희를 사하시는 용서는 하나님이 너희를 불쌍히 여기시는 정도를 넘어서 있다, 이 용서는 너희가 잘하면 받는 보상보다 크다, 하나님이 너희에게 허락하신 궁극적 승리와 완성을 위해 보이신 성실하심이다, 그러니 너희가 당한 이 고난을 쓸모없는 것으로 만들지 마라, 이 역사를 손해 보지 마라, 이렇게 권면합니다.

우리는 자꾸 과거를 씻어 내어 자신을 확인하려고 합니다. 그래서 회개를 치열하고 치밀하게 합니다. 어릴 적 목욕탕에 가서 몰래 양말 빨았던 일, 옆 사람 이태리타월 집어 쓴 것까지 일일이 기억해 내어 회개하느라 유난을 떱니다. 그렇게 회개해서 무엇을 얻고 싶은 것일까요? 무흠한 사람이 되고 싶은 것입니다. 모든 흠을 씻고 깎고 잘라 내느라 남는 게 없습니다. 교회에서 주는 잘못된 가르침 중 하나는 흠 없는 사람이 되라는 요구일 것입니다. 이런 가르침으로 성도들에게 겁주고 목사 자신도 거의 자학적인 금욕 생활로 자기 증명을 해 댑니다. 이런 것은 기독교 신앙이 아닙니다. 흠이 없어지면 되는 것이 아니라 자라나고 성숙해야 합니다. 자꾸 자기 자신을 씻어 내려 하지 말고 땟국물이 줄줄 흐르는 몸이 커 나가야 합니다. 크고 자라나고 깊고 넓어지십시오. 하나님이 얼마든지 허락하시는 시간입니다.

사람의 일생을 살펴보면, 태어나 몸과 마음이 자라면서 '나는 누구인가' 하고 자기 정체성을 고민하며 질문하는 시기가 옵니다. 이때가 사춘기입니다. 사춘기가 되면 인생에 대해, 자신에 대해 생각하고 고민하다가 인생의 부조리에 눈을 뜨면서 반항하기 시작합니다. 세상과 인생과 자기 존재에 대해 공포심을 품습니다. 그런데 그 전에는 일단 몸집을 키워 둡니다. 철없는 시간에 몸집이 열심히 자라나 60킬로그램쯤 되고 나면, 그다음에 정신이 들어옵니다. 정신이 들어와 자기 존재를 뒤집어 놓습니다. 지금 우리 모습을 돌아보면 몸뚱이는 아직 어린아이인데, 명분과 추상명사와 소원과 완벽함만 돌아다니는 꼴입니다. 마치 유령 같습니다.

교회 안에서 신앙생활 하는 사람들을 보면 전부 제각각입니다. 이제 막 태어난 사람, 겨우 걷기 시작한 사람, 한창때인 사람, 성숙한 사람, 이런 각층에 속한 다양한 사람이 뿜어내는 다채로움을 볼 수 있는 곳이 교회입니다. 태어난 기쁨, 천진난만함과 무럭무럭 자라나는 무성함, 의심하고 반항하는 치열함, 깊어지고 넓어지고 다 품어 주는 너그러움, 이 모든 다양함이 어우러져 마치 웅장한 오케스트라 같은 것이 교회입니다.

그런데도 여러분은 무엇이 겁납니까? 모두가 다 유용하고 모두가 다 쓸모 있어야 한다고 생각합니까? 오케스트라에서 저마다 악기가 고유한 음색을 내어 풍성해지듯, 그렇게 하나님이 우리와 교회 공동체 속에서 그리고 우리가 속한 나라와 사회와 시대 속에서, 그 모든 조건, 즉 눈물과 기쁨과 감사와 원망 속에서 우리를 만들어 가십니다.

우리가 살아온 날들을 떠올려 봅시다. 눈물 젖은 빵을 먹던 시절이 있었고, 일이 척척 잘 풀려 더 이상 바랄 것이 없던 시절도 있었습니다. 원하던 대학교에 들어가서는 4년 내내 이마에 합격증만 붙이고 자랑하며 다니느라 무엇을 배웠는지 하나도 기억에 없는 시절도 거쳐 왔습니다. 입사 시험에서 수도 없이 떨어지고 더 이상 갈 데가 없어서 기도원엘 갔다가 엉터리 부흥사한테 안수기도 받아서 신학교 오고, 막상 신학교에 와 보니 말도 안 되는 일이 너무 많아 그나마 남아 있던 은혜마저 다 깡그리 까먹고 떠밀리고 떠밀려서 아는 교회에 그냥 놀러 갔는데, 거기서 붙잡혀 지금껏 목회하면서도 여전히 할 줄 아는 것은 하나도 없고, 앞으로도 어떻게 할지 모르겠는 이 정황, 이것이 우리 현실입니다. 여기서 하나님이 일하십니다.

엘리야는 족보도 없이 툭 튀어나옵니다. 밑도 끝도 없이 나옵니다. 아모스도 그렇습니다. 베드로의 족보 역시 모릅니다. 그렇게 하나님이 창조와 부활을 펼치십니다. 그리하여 하나님이 우리에게 뜻하신 '하나님의 형상'이라는 원래 창조의 목적을, 창조에서 부활을 거쳐 더 구체적이고 더 영광스럽고 더 놀랍고 깊고 풍성하게 펼치십니다. 홍해를 가르고 바로를 꺾는 기적 정도가 아닙니다. 예수 안에서 보는 것 같은 부활로 사망을 이기는 생명의 영광입니다. 우리가 살아온 모든 나날로 합력하여 선을 이루시는 부활의 능력 속에서 지금 우리가 살고 있다는 것을 알게 됩니다. 이것이 우리의 믿음입니다.

자랑할 것은 없지만 겁날 것 또한 없는, 힘들지만 명예로운

이 길을 이스라엘은 역사로 겪어 냅니다. 허락받은 약속의 땅에서 그들은 하나님의 신실한 약속을 배신하여 우상에게 갑니다. 자기네 생각에 '배불리 먹고 편안하게 사는 길'로 가서 결국 바벨론 포로가 됩니다. 이 포로 생활에서 무엇을 배웁니까? 우상이 다스리는 나라의 궁극적 권력은 결국 폭력에 불과하다, 그러나 하나님은 당신의 권세를 폭력으로 휘두르지 않으셨다, 하나님은 당신의 권력을, 우리를 향한 사랑 곧 아버지의 마음으로 사용하셨다는 것을 배웁니다. 둘을 비교하여 알게 됩니다. 그것이 이 회복에서 들려주는 메시지입니다.

그러나 이스라엘은 이 일에 또 실패합니다. 이것에 대해서는 제3 이사야에서 다룹시다. 이스라엘 역사를 갖고 또 알고 있는 우리는 우리 인생에 일어나는 제1, 제2, 제3 이사야를 포함한 모든 하나님의 일하심과 궁극적 승리와 그 과정 역시 알고 이 길을 걷게 될 것입니다. 그러니 이스라엘보다는 좀 나아야 할 것입니다. 그런 명예와 승리를 누리기 바랍니다. 이미 성경이 요구하고 기록해 놓은 길입니다.

기도

하나님 아버지, 우리 모든 생각과 현실을 주께 맡깁니다. 도망가지 않고, 변명하지 않고, 그래서 울며불며 순종하고 살겠습니다. 우리에게 일어나는 어떤 일도 우리에게 손해가 되지 않는다는 사실만 믿겠습니다. 그리고 힘써 예수 안에 있는 구원의 증인이 되어 명예로운 인생을 살겠습니다. 실패하면 다시 일어나겠습니다. 우리 기도는 잘못에 대한 좌절이나 후회가 아니라 앞으로 나아가는 용기와 믿음이 깃든 것이기를 소원합니다. 우리와 함께하사 영광을 나타내 주시옵소서. 예수님 이름으로 기도합니다. 아멘.

4

승리

하나님의 꿈, 하나님의 능력. 하나님의 하나님다우심
이 여기 있습니다. 예수가 시간과 공간에 붙잡혀 들어
와 죽음으로써 온 인류와 역사를 구원해 냅니다. 유한
이 무한을 담아내는, 이런 말도 안 되는 이야기를 하
는 것이 바로 기독교입니다.

1 일어나라 빛을 발하라 이는 네 빛이 이르렀고 여호와의 영광이 네 위에 임하였음이니라 2 보라 어둠이 땅을 덮을 것이며 캄캄함이 만민을 가리려니와 오직 여호와께서 네 위에 임하실 것이며 그의 영광이 네 위에 나타나리니 3 나라들은 네 빛으로, 왕들은 비치는 네 광명으로 나아오리라 4 네 눈을 들어 사방을 보라 무리가 다 모여 네게로 오느니라 네 아들들은 먼 곳에서 오겠고 네 딸들은 안기어 올 것이라 5 그 때에 네가 보고 기쁜 빛을 내며 네 마음이 놀라고 또 화창하리니 이는 바다의 부가 네게로 돌아오며 이방 나라들의 재물이 네게로 옴이라 6 허다한 낙타, 미디안과 에바의 어린 낙타가 네 가운데에 가득할 것이며 스바 사람들은 다 금과 유향을 가지고 와서 여호와의 찬송을 전파할 것이며 7 게달의 양 무리는 다 네게로 모일 것이요 느바욧의 숫양은 네게 공급되고 내 제단에 올라 기꺼이 받음이 되리니 내가 내 영광의 집을 영화롭게 하리라 8 저 구름 같이, 비둘기들이 그 보금자리로 날아가는 것 같이 날아오는 자들이 누구냐 9 곧 섬들이 나를 앙망하고 다시스의 배들이 먼저 이르되 먼 곳에서 네 자손과 그들의 은금을 아울러 싣고 와서 네 하나님 여호와의 이름에 드리려 하며 이스라엘의 거룩한 이에게 드리려 하는 자들이라 이는 내가 너를 영화롭게 하였음이라 (사 60:1-9)

이번 장에서는 이사야 56장부터 66장까지 다룹니다. '제3 이사야'라고 불리는 대목인데, 이렇게 이사야를 제1, 제2, 제3으로 구분하는 데는 저작권 문제 때문이 아니라 서로 다른 배경 때문이라고 앞서 이야기했습니다. '제1 이사야'라고 불리는 이사야 1장에서 39장까지의 배경은 심판을 당하는 유다 말기, 즉 북 왕조 이스라엘이 망하고 이어 남 왕조 유다도 멸망으로 가는 때이고, '제2 이사야'라고 불리는 이사야 40장에서 55장은 포로가 된 때, 그리고 '제3 이사야'라고 불리는 이사야 56장부터 마지막 장까지의 배경은 이스라엘의 회복입니다. 이처럼 시대적 배경이 다르기 때문에 제1, 제2, 제3 이사야로 나눈 것입니다. 그런데 이런 표현은 대개 저작권 시비, 정경성에 대한 논쟁 때문에 오해의 소지가 있다는 점을 염두에 두고 써야 합니다.

1

이사야 55장을 봅시다.

내 입에서 나가는 말도 이와 같이 헛되이 내게로 되돌아오

지 아니하고 나의 기뻐하는 뜻을 이루며 내가 보낸 일에 형
통함이니라 너희는 기쁨으로 나아가며 평안히 인도함을 받
을 것이요 산들과 언덕들이 너희 앞에서 노래를 발하고 들
의 모든 나무가 손뼉을 칠 것이며 잣나무는 가시나무를 대
신하여 나며 화석류는 찔레를 대신하여 날 것이라 이것이
여호와의 기념이 되며 영영한 표징이 되어 끊어지지 아니
하리라 (사 55:11-13)

산들과 언덕들이 노래하며 모든 나무가 손뼉을 치는 회복을
약속하신 말씀인데, 56장에 오면 이런 말씀이 나옵니다.

여호와께서 이와 같이 말씀하시기를 너희는 정의를 지키며
의를 행하라 이는 나의 구원이 가까이 왔고 나의 공의가 나
타날 것임이라 하셨도다 안식일을 지켜 더럽히지 아니하며
(사 56:1-2상)

정의를 지키며 의를 행하라, 안식일을 지켜 더럽히지 마라,
라는 권면과 꾸중이 제3 이사야 서두부터 등장합니다. 앞서
언급했듯이, 제1 이사야가 율법적 세계관 곧 잘잘못에 대해
인과응보라는 질서로 규율되는 세계관을 이야기하고 있다

면, 제2 이사야는 이것을 넘어서 있는 은혜의 세계관을 다룹니다. 그렇다고 잘잘못에 대한 보상이 무효가 되지는 않습니다. 잘못했을지라도 하나님의 은혜와 성실로 회복되는 것이 은혜의 세계관이기 때문입니다. 이사야 55장에서 보듯 기쁨과 감사와 영광의 결과가 약속되고, 또 56장 이하에 드러난 역사적 배경에서 보듯 이스라엘이 실제로 회복됩니다. 그런데 거기서 다시 '너희는 안식일을 지켜라. 내가 기뻐하는 금식은 단지 밥 굶는 것이 아니다. 하려면 제대로 해라' 하는 꾸중이 나옵니다. 이것이 제3 이사야입니다.

하나님은 제1차 세계관에서 율법으로 인과응보의 원칙을 제시하시고, 그 원칙을 따라 당신을 불순종하고 배반한 이스라엘을 바벨론에 넘기십니다. 그러나 하나님은 자기 백성을 바벨론에 넘겨 버리시는 것으로 이스라엘 역사를 끝내지 않으십니다. 내가 너희를 택했다, 비록 너희가 잘못했더라도 나는 너희를 떠나지 않겠다, 너희에게 약속한 바와 같이 내가 너희를 절대 버리지 않으며 너희를 회복하고 기쁨으로 내 이름을 드높일 것이다, 라고 하십니다. 이것이 제2차 세계관, 곧 은혜의 세계관입니다. 이처럼 제2차 세계관을 약속해 놓고 돌아왔는데 다시 꾸중이 나오는 것, 이것이 제3차 세계관이 등장하는 배경입니다.

3차 세계관이 나오게 된 역사적 배경은 이렇습니다. 말라기 1장을 보면, 포로에서 돌아온 이스라엘 백성은 자신들의 귀환과 회복을 감사하게 여기지 않습니다. 그들이 특별히 불충하거나 배은망덕해서가 아닙니다. 포로에서 돌아왔는데 나아진 게 하나도 없기 때문입니다. 전에 자기네가 살던 곳은 전부 다 짓밟혀서 다시 새롭게 일으켜 세워야 하고, 이웃에 사는 이방 민족들은 시기심에 사로잡혀 자기들을 호시탐탐 노리고 있습니다. 성벽을 쌓고 늘 전쟁을 준비해야 하는 삶, 한 손에는 망치 다른 한 손에는 칼을 드는 삶이 이어집니다. 더구나 기근까지 덮쳐 이스라엘은 굶주리게 됩니다. 은혜를 받았지만, 현실에서는 아무 소용이 없는 것입니다. 그래서 이제 체념합니다. 단지 우상을 섬기고 불순종하는 것이 아니라 아예 체념해 버립니다. 은혜를 받으나 안 받으나, 하나님이 약속을 지키나 안 지키나 다를 게 없다는 절망이 가득합니다.

그러자 하나님이 다시 꾸중하십니다. 여기서 생각해야 할 점은 이것입니다. 이스라엘은 용서를 받고도 결국 말을 안 듣더라, 그래서 다시 꾸중을 들었다, 이렇게 가면, 이는 1차 세계관에서 2차 세계관으로 넘어갔는데, 이미 넘어간 그곳에서 다시 1차 세계관으로 회귀하는 것처럼 보입니다. 하지만, 정말 그럴까요? 이스라엘과 마찬가지로 신자의 생애에도 신앙생활과 현실을 규정하고 판단하는 기준이 무엇인지 혼란스러운 시기가 옵니다. 그때 신자의 현실에 나타나는 가장 큰 부작용이 바로 체념입니다. 체념이란 단지 열심을 안 내는 것이 아니라 도대체 열심히 할 이유를 찾지 못해 단념해 버린 상태를 의미합니다. 잘하나 못하나 똑같으니 체념하게 됩니다.

2

이사야가 이런 식의 증언을 왜 이런 순서를 밟아 전개하는지, 이 역사적 배경 속에 담긴 하나님의 말씀과 그 진의는 무엇인지 생각해 보겠습니다. 폴 D. 핸슨(Paul D. Hanson)이라는 신학자가 있습니다. 이 분이 《현대 성서 주석》에서 이사야 40장 이후를 주해하였는데, 그는 이 책에서 제3차 세계관에 대해 이야기합니다.

제1차 세계관, 제2차 세계관에 대해서는 다들 잘 알 것입니다. 그렇다면 제3차 세계관이란 무엇일까요? 포로에서 돌아온 이스라엘 백성이 회복의 자리에서 체념하고 사는 것 같이 사실 우리도 신앙 현실을 체념하고 살아갑니다. "하나님, 포로로 살 때보다 지금이 나은 게 뭐가 있습니까?" 하는 질문과 불만을 다 품고 살아갑니다. 누군가 제게 "목사님은 그래서 다 극복하셨습니까?"라고 물어 오면 저도 뭐라고 답할지 혼란스럽습니다. 하지만 제3차 세계관이 있어서 참 좋습니다. 명예와 책임의 자리로 초대받았기 때문입니다. 1차 세계관이 있고 2차 세계관이 있다, 그런데 이것으로 끝이 아니고 3차 세계관이 있다, 여기까지 있다는 사실을 아는 것과 모르는 것은 큰 차이가 있습니다.

우리가 해야 할 일을 하지 못했을 때 그 못한 것이 그저 실수로 끝나고 마느냐, 그렇지 않으면 잘못을 극복하는 또 다른 은혜가 있느냐, 은혜까지 받았으나 만족스럽지 않을 때는 이제 어디로 가야 하는가, 이런 질문에 답을 주는 것이 제3차 세계관입니다.

우리의 신앙 현실을 돌아봅시다. 율법주의에 근거하여 각성하고 근신할 때가 있고, 은혜를 구하여 자기 한계를 넘어서려고 애쓰는 때가 있습니다. 순서상 1차 세계관에서 2차 세계관으로 넘어가는 것이 아니라, 1차 세계관밖에 모를 때에는 1차 세계관이 전부이지만, 2차 세계관을 알고 난 후에는 2차 세계관으로 갔다 1차 세계관으로 갔다 하면서 둘의 조합이 각각에게 다르게 나타나고 순서가 뒤죽박죽되는 경험을 하게 됩니다. 이런 경험이 무엇을 만들까요?

1차 세계관과 2차 세계관 중 어느 것이 낫다고 말하기는 어렵습니다. 왜냐하면 은혜가 율법을 이겼다고 생각했는데, 막상 율법이 없으면 집을 지탱해 주는 벽이나 기둥이 무너져 버린 것 같이 느껴지기 때문입니다. 그렇게 되면 은혜가 전부는 아니라고 생각하게 됩니다. 그래서 다시 기둥과 벽으로 지탱해야겠다고 하면, 이번에는 은혜가 들어설 틈이 없는 것처럼 여겨집니다. 이런 경험을 한 번쯤은 해 보았을 것입니다.

그러니까 쉽게 '안식일을 지키자. 안식일을 범하는 것은 죄이기 때문이다'라고만 말할 것이 아니라 '일주일 중 하루를 구별하여 하나님에게 예배하는 것은 얼마나 큰 은혜이며 선물이냐'라고 말할 수 있는 데로 나아가야 합니다. 이것이 은혜입니다. 그러면 율법으로 굳이 사람을 잡아다 놓고 겁주지 말자, 라고 말할 수 있게 됩니다. 그런데 이는 일견 맞는 말이지만, 그럴 수 없는 경우도 있습니다. 겁을 주어서 순종을 받아 내지 않고 한 인격의 자율성과 진정성을 존중해 준다는 명분으로 그 사람의 결단에만 맡겨서는 아무것도 되지 않는다는 사실을 너무나 잘 알기 때문입니다. 그래서 규칙이 필요합니다. 아침에 일어나고 저녁에 자야 맞습니다. 물론 특별한 경우에는 늦잠을 잘 수도 있고 밤샘할 수도 있지만 기본은 언제나 필요합니다. 기본은 기본 그 자체의 명분을 위해서가 아니라 주변에 유익을 주기 위해 존재하기 때문입니다. 은혜는 말할 것도 없이 유익을 주기 위한 것입니다.

이제 제3차 세계관으로 가면, 기본, 유익과 같은 가치가 '명예'라는 데로 올라옵니다. 이번에 이사야서를 강의한 가장 큰 이유가 바로 이 3차 세계관에 나오는 명예를 말하기 위해서입니다.

3

제3차 세계관이란 무엇일까요? 은혜를 약속해 주셨는데, 왜 기쁨과 감사와 자랑으로 가지 않고 낙담과 체념으로 올 수밖에 없었을까요? 이사야 55장에서 보듯이, 내 입에서 나가는 말은 헛되이 내게로 되돌아오지 아니하고 나의 기뻐하는 뜻을 이루며 열매를 맺을 것이다, 너희는 산들이 손뼉 치며 나무들이 박수하는 환호성 속에서 승리를 얻을 것이다, 라고 했는데, 막상 그 회복이 일어나자 기쁨과 감사와 자랑 대신 왜 낙담과 체념이 올까요. 이게 무엇일까요.

제3차 세계관에 등장하는 꾸중은 무엇일까요? 너희는 안식일도 제대로 못 지키고 있다, 너희는 금식에 대해 제대로 이해하지 못하고 있다, 이런 식의 꾸중은 율법주의로 회귀하여 잘못을 꾸짖으려는 것이 아닙니다. 율법적 세계관을 넘어서 있는 은혜의 세계관이 우리를 밀어 명예의 자리로 내보내는 권면인 것입니다.

제1차 세계관에서 지적하는 잘잘못은 율법적 기준에 따른 평가입니다. 잘한 것과 잘못한 것, 잘하면 복 받고 못하면 벌 받는다는 선언인데, 제2차 세계관인 은혜의 세계관을 거쳐 제3차 세계관에 와서 듣는 지적은 그런 차원의 평가가 아닙니다. 너는 네 명예와 지위와 기회를 헛되게 쓰고 있다, 이런 의미로 하는 책망이지 잘못했다고 지적하는 꾸지람이 아닌 것입니다. 이 둘은 다릅니다. 그러니 구별해서 들으십시오. 너는 죄를 지었고 벌 받을 짓을 했다, 가 아니라 너는 그래서는 안 되는 존재다, 인간은 짐승하고 다른 존재다, 그런데 너는 짐승처럼 굴었다, 라는 책망입니다. 못나게 굴었으니 나가서 죽으라는 게 아닙니다. 네 명예와 지위를 누려라, 왜 못나게 구느냐, 라는 훨씬 높은 차원에서 하는 꾸중입니다.

제3차 세계관에서 비롯한 꾸중이 누가복음에 나오는데, 바로 '탕자의 비유'에서입니다. '탕자의 비유'에 나오는 인물

셋에 각각 초점을 번갈아 두고 읽어 보면, 더욱 풍성한 메시지를 발견하게 됩니다. 대개 처음에는 집 나갔다 회개하고 돌아온 작은아들에 초점을 두고 읽었다가, 그다음에는 돌아온 아들을 기뻐하는 아버지를 중심으로 읽었다가, 마지막은 작은아들을 시샘하고 오해한 맏아들에 초점을 두고 읽습니다. 결국에는 이 셋이 삼중창으로 어우러져 이 비유에 담긴 의미가 더 풍성해집니다. 즉 하나님은 하나님다우실 뿐만 아니라 인간을 인간답게 만드셨다, 하는 사실을 알 수 있습니다. 하나님이 원하시는 인간다움이 '탕자의 비유'에서는 어떻게 드러납니까? 자신의 신분과 지위가 무엇인지, 이를 어떻게 누려야 하는지 몰랐던 맏아들은 "내 것이 다 네 것이 아니냐"라는 아버지의 질책을 듣습니다. 아버지를 떠나지 않고 곁에 머무르면서 누릴 수 있는 자유와 가치와 명예에 대해 성경은 무엇이라고 말씀합니까? 로마서 8장을 봅시다.

생각하건대 현재의 고난은 장차 우리에게 나타날 영광과 비교할 수 없도다 피조물이 고대하는 바는 하나님의 아들들이 나타나는 것이니 피조물이 허무한 데 굴복하는 것은 자기 뜻이 아니요 오직 굴복하게 하시는 이로 말미암음이라 그 바라는 것은 피조물도 썩어짐의 종 노릇 한 데서 해방되어 하나님의 자녀들의 영광의 자유에 이르는 것이니라 피조물이 다 이제까지 함께 탄식하며 함께 고통을 겪고 있는 것을 우리가 아느니라 그뿐 아니라 또한 우리 곧 성령의 처음 익은 열매를 받은 우리까지도 속으로 탄식하여 양자 될 것 곧 우리 몸의 속량을 기다리느니라 (롬 8:18-23)

23절에 있는 바와 같이, 성령의 처음 익은 열매를 받은 우리까지도 탄식하며 기다리는 것이 있습니다. 그것은 자유, 곧 자유의 완성입니다. 우리 모두는 구원도 얻었고, 하나님과 화평도 이루었고, 더 나아가 하나님의 영광을 바랍니다. 그러면서도 현재의 삶은 탄식 속에 있습니다. 이것이 현실입니다. 이 탄식은 무엇일까요? 이것은 제1차 세계관으로는 설명되지 않습니다. 잘잘못에 관한 문제라면, 구원은 불가능하다는 절망에서 나오는 탄식일 것입니다. 하지만 본문에 나온 탄식이 그런 탄식일 리 없습니다. 그럼 제2차 세계관으로 보면 어떨까요? 여전히 문제는 남습니다. 하나님이 은혜로 구원해 주셨으면 탄식이 없어져야 맞습니다. 그런데 아직 탄식이 남아 있습니다.

이렇게 되자, 1차 세계관으로도 답이 안 나오고 2차 세계관으로도 답이 안 나오는 이것은 무엇이냐, 하고 묻게 됩니다.

18절로 돌아와 현재의 고난에 대해 묘사한 대목을 생각해 봅시다. "생각하건대 현재의 고난은 장차 우리에게 나타날 영광과 비교할 수 없도다." 우리의 탄식은 현재의 고난에서 비롯합니다. 이 현재의 고난은 앞에 나온 16절과 연결해서 보아야 합니다. "성령이 친히 우리의 영과 더불어 우리가 하나님의 자녀인 것을 증언하시나니." 성령의 감동도 있고 고백도 있고 확신도 있는데, 현실은 고난이 면제되어 있지 않습니다. 이어지는 17절에서도 고난이 등장합니다. "자녀이면 또한 상속자 곧 하나님의 상속자요 그리스도와 함께 한 상속자니 우리가 그와 함께 영광을 받기 위하여 고난도 함께 받아야 할 것이니라."

예수와 함께 고난을 받아야 하는 하나님의 상속자는 누구일까요? '탕자의 비유'에 나오는 맏아들입니다. 맏아들에게 했던 아버지의 꾸중을 생각해 봅시다. 일을 마치고 돌아온 큰아들이 집에서 풍악 소리가 들리자 무슨 일이냐며 하인에게 묻습니다. "이게 웬 풍악 소리냐?" "집을 나간 주인님의 작은아들이 돌아왔습니다. 그래서 주인님이 몹시 기뻐한 나머지 잔치를 열어 주셨습니다." "뭐라고?" 그제야 상황을 파악한 맏아들은 서운한 마음에 분노를 터뜨립니다. 맏아들을 본 아버지가 "애야, 네 아우가 살아 돌아왔다. 들어가서 같이 잔치

하자"라며 아들의 소맷자락을 끕니다. "그렇게는 못합니다. 나는 말썽 한 번 안 부리고 언제나 충성했는데, 그런 제게는 염소 새끼 한 마리도 안 잡아 주시더니 전 재산을 다 털어먹은 놈이 돌아오자 소를 잡아 주시다뇨" 하며 볼멘소리를 냅니다. 아버지가 타이릅니다. "얘야, 너는 늘 나와 함께 있으니 내가 가진 것이 다 네 것이 아니냐."

아버지의 책망을 알아듣기까지 긴 시간이 걸립니다. 1차 세계관과 2차 세계관에는 '명예'라는 말이 들어갈 자리가 없습니다. 1차 세계관도 우리를 정죄하고, 2차 세계관도 우리를 정죄합니다. 은혜에는 구원과 회복이 있지만, 우리는 여간해서는 변하지 않습니다. 여전합니다. 흔히 쓰는 표현인 '나 같은 죄인 살리신'에 머물러 있습니다. 우리는 하나님 앞에 늘 민망합니다. 구원해 주셔서 고맙기는 한데, 따지고 들어가 보면 이런 불만도 있습니다. "하나님, 그러니 처음에 아담이 죄를 지었을 때 다 쓸어버리고 인간을 새롭게 다시 창조하지 그러셨어요? 은혜 베풀어 주신 것은 좋지만, 민망해서 어디 교회나 나오겠습니까. 죽음에서 구해 주신 것, 누가 안 고맙다고 합니까. 그런데 이게 뭡니까. 은혜를 주시려면 좀 잘 주시지. 왜 다시 자책하고 슬프게 하셔서 이렇게 울게 하십니까?" 이런 민망함과 눈물에 담긴 답을 3차 세계관에 와서야 찾습니다.

4

구원파가 한국 교회에서 한창 득세하던 시절이 있었습니다. 그들이 언제나 하는 것은 "여러분은 자신을 죄인이라고 생각하십니까, 의인이라고 생각하십니까?"와 같은 질문입니다. 이런 질문을 받으면 대부분 당황합니다. 저도 여기서 이 질문을 해 보겠습니다. "여러분은 자신을 죄인이라고 생각하십니까, 의인이라고 생각하십니까? 의인이라고 생각하시면 손들어 보십시오." 좀 망설이시는 게 제 눈에도 보입니다. 바로 이렇게 흔들리는 데를 구원파가 건드립니다. 자신을 의인이라고 생각하는 사람은 손들어 보라고 하면 아무도 손들지 않습니다. 그렇게 생각하는 신자는 없기 때문입니다. 반면, 죄인이라고 생각하는 사람은 손들어 보라고 하면 전부 손을 듭니다. 우리 정서가 그렇습니다. 기독교인이라서 그런 것이 아니라 본래 그렇습니다. 이 질문 하나로 우리는 마치 낚싯바늘에 걸린 물고기처럼 걸려듭니다. 우리가 쩔쩔매는 모습을 보며 구원파는 낚싯대를 바짝 더 움켜줍니다. "여러분, 예수를 믿으면 의인이 된다고 했습니까, 죄인이 된다고 했습니까?" 이제 이런 질문까지 받으면 다들 꿀 먹은 벙어리가 됩니다. 이미 절반은 넘어갔습니다. "예수를 믿으면 의인이 됩니다. 그런데 왜 아직도 자신을 죄인이라고 여기십니까?"라는 말에 전부 넘어가 버립니다. 덧붙여 "여러분이 예수를 믿는다는 말을 몰라서 그렇습니다"라고 단정 지어 버리면, 우리는 모두 예수를 모르는 사람이 되고 맙니다. 이것이 구원파의 주장입니다.

제대로 믿으면, 그다음은 만사형통이라고 구원파는 주장합니다. 설사 외적 조건은 달라진 게 없더라도 내적 조건은 달라져야 한다고 말입니다. 흔들리지 않고 평안한 사람이 되어 있을 거라고 하는데, 신자의 현실은 어떻습니까? 내면이 평안하지 않습니다. 그저 밖에서 칭찬을 들을 뿐입니다. 여러분이 교회에서 성경을 폼 나게 들고 다니면 성도들이 "와! 우리 목사님, 목사님" 하며 따릅니다. 성도들이 그럴 때면 숨고 싶습니다. 집에서 다 박살 내고 자기도 박살 나고 겨우 나왔는데, 아무것도 모르는 성도들이 "우리 목사님 최고!" 하고 따르니 미칠 지경입니다. 이걸 왜 하나님이 잠재워 주시지 않는가, 이런 부끄러움이 무슨 일을 하는가, 이것이 로마서 8장이 하려는 이야기입니다.

왜 현재에 고난이 있는가, 왜 아직도 탄식해야 하는가, 피조물 전체가 지금 고통 받고 있는 이유를 로마서는 무엇이라고 말씀합니까? 우리가 썩어짐 아래 있는 이유를 무엇이라고 말씀합니까? 우리 인류가 죄를 지었기 때문이라고 합니다. 인류가 죄를 짓자, 하나님이 피조 세계 전체를 저주하여 사망 아래 가두어 버리셨습니다. 천국이 이루어지려면 우리가 완성되어야 합니다. 우리가 회복되고 완성되어야 피조 세계의 회복이 있을 것입니다. 그런데 20절 이하에 이런 말씀이 나옵니다. "피조물이 허무한 데 굴복하는 것은 자기 뜻이 아니요 오직 굴복하게 하시는 이로 말미암음이라 그 바라는 것은 피조물도 썩어짐의 종 노릇 한 데서 해방되어 하나님의 자녀들의 영광의 자유에 이르는 것이니라"(롬 8:20-21).

'하나님의' 영광이 아니라 '하나님의 자녀들의' 영광의 자유를 말하고 있습니다. 자유가 무엇입니까? 자유를 다른 말로 정의해 볼까요. 자유의 동의어로 생각되는 단어로는 해방, 방종이 있습니다. 비록 방종은 주로 부정적으로 쓰이지만 말입니다.

자유에는 무엇인가를 선택할 수 있는 명예가 전제되어 있습니다. 선택할 수 있는 명예, 선택할 수 있는 권리, 선택할 수 있는 책임입니다. 그러니 선택이란 아무거나 자유롭게 고르고 마는 것이 아닙니다. 우리는 자기가 가진 실력만큼만 선택할 수 있습니다. 그 선택을 자유롭게 하게 해 주는 것이 성경이 말하는, 인간에게 부여된 하나님의 형상입니다. 하나님은 아담에게 이 자유를 주십니다. 그런데 아담은 하나님이 하지 말라는 것을 선택해 버렸고, 그 결과 자신의 선택에 대해 책임을 져야 했습니다. 1차 세계관으로는 이해할 수 없는 일입니다. 그는 자신의 명예와 승리를 스스로 놓쳐 버린 것입니다.

예수가 오셔서 왜 고난의 길을 걸어야 하셨을까요? 예수는 두 번째 아담 곧 마지막 아담이자 인류의 대표로 오셔서 순종하십니다. 그는 순종을 선택하여 승리를 만들어 내시며 우리에게도 이 길을 요구하십니다. 예수를 믿는다는 것은 이제 우리가 죄의 종, 죄의 세력 아래 노예로 붙잡혀 있지 않고 선택할 자유, 선택할 기회가 주어진 사람이 되었음을 의미합니다. 예수를 믿어 하나님의 자녀가 되었음에도 하나님은 우리에게 이 둘 사이에서 선택하는 훈련을 하게 하십니다. 그런데 이 선택은 우리의 운명을 결정하는 선택이 아닙니다. 아담의 DNA 속에 흐르고 있는 죄를 선택하는 본성과 예수 안에서 받은 은혜가 우리 눈을 밝혀 보게 한 생명, 진리, 구원을 소원하는 본성, 이 둘 사이에서 우리로 하여금 갈등하고 고민하게 하십니다.

하나님은 왜 우리에게 이 과정을 겪게 하실까요? 이런 선택의 순간을 왜 허락하실까요? 이것이 바로 탕자의 비유입니다. 탕자는 나가서 무엇을 배우고 돌아옵니까? 아무리 많은 재산을 가지고 나가도, 가치를 생산하고 유지하는 분에게 속해 있지 않으면 소모되어 끝장난다는 사실을 배우고 옵니다. 작은아들은 어떤 고백을 하면서 돌아옵니까? 아버지 집에는 품꾼들도 주리지 않았다, 나는 내 몫의 재산을 다 챙겨 나왔는데도 여기서 주려 죽게 생겼구나, 이런 중요한 대조와 깨달음이 이 고백 속에 들어 있습니다.

5

여기서 하는 선택은 사느냐 죽느냐와 같이 운명을 가르는 결정이 아닙니다. 멋있게 구느냐 비열하게 구느냐 중에서 택하는 것입니다. 실력이 없으면 기뻐하는 몸짓이나 분 내는 몸짓이 다 비열하고 치사합니다. 당구 치러 가 보면 별별 모습을 보게 됩니다. 당구장은 재밌자고 오는 곳입니다. 목숨 걸고 치지 않는다는 이야기입니다. 그런데 당구를 치다 보면,

그렇게 되지 않습니다. 당구 치는 사람들이 흔히 쓰는 단어인 '후루쿠'라는 것이 있습니다. 의도치 않게 공이 맞았을 때 쓰는 은어입니다. 후루쿠를 점잖게 즐기는 사람은 없습니다. 아마 창피해서 그럴 것입니다. 운이 좋아 맞힌 것이니 그럴 만도 합니다. 그래서 몸짓도 부끄럽고, 탄성도 거지같습니다. 예수 믿는 사람은 그런 모습을 보면서도 이렇게 말할 수 있습니다. "참 좋으시겠습니다." 지더라도 넉넉하게 이야기할 수 있습니다. "한 수 잘 배웠습니다." 이것이 예수 믿는 사람의 특권입니다. 그런데 우리는 이런 좋은 이야기를 해 주지 못합니다. 이기면 좋아서 혼자 어쩔 줄 몰라 합니다. 거만하게 눈도 쫙 내리깔고 자기가 올림픽에서 금메달 딴 것 같이 기고만장해져 상대방을 버러지처럼 취급합니다. 반대로, 지게 되면 마치 하나님이 자기만 늘 홀대하시고 기도 한 번 안 들어주신 것 같은 얼굴을 합니다.

우리 삶을 돌아봅시다. 매일매일 아무 도움도 안 되는 짓을 하며 다니고 있지는 않습니까. 길을 가다 부딪쳐도 그렇고, 눈이 마주쳐도 그렇고, 비가 와서 옷이 젖어도 그렇습니다. 무방비한 상태인 날, 우리 안에서 어떤 반응이 나오는가를 보십시오. 그런 반응이 무슨 유익을 주는가 말입니다. 명분으로 가자는 이야기가 아닙니다. 정황이 나쁘면, 잘 견디는 것이 최선입니다. 잘 견디면 그렇게 멋질 수가 없습니다.

사람의 멋은 힘 있을 때 나타나지 않고, 억울할 때 나옵니다. 가졌을 때는 잘하는 것이 쉽습니다. 가졌으니 말입니다. 하지만 억울할 때 잘하기는 어렵습니다. 하나님이 우리에게 많은 기회를 허락하셔서 마음껏 좋은 선택을 하며 살아가기를 요구하고 기다리십니다. 이것이 3차 세계관입니다. "네 몫을 다 줬으니 잘 살아 봐라. 네 인생에서 만나는 모든 경우에서 어떻게 하는 것이 멋있는지, 성경에서 배운 하나님의 요구와 세상의 위협, 이 둘을 놓고 생각해 봐라." 이렇게 말하십니다.

세상은 어떻게 유혹하고 위협합니까? "너 내 말 안 들으면 죽어!" 이것이 세상입니다. "더 약삭빨라야 해. 더 치사하게 굴어야 해. 더 영악해져야 해." 세상은 그렇게 말합니다. 하지만 하나님은 "그런 행동은 못난 거야. 자, 멋있게 살아 봐"라고 하십니다.

사실 멋있게 구는 것은 참 어렵습니다. 멋있게 구는 사람보다 그렇지 않은 사람이 훨씬 많기 때문입니다. 우리가 점잖게 굴면 세상 사람들이 감동하는 것이 아니라 우리를 쉬운 사람으로 여깁니다. 그러니 신자들도 세상에 나가면 자기가 신자라는 것을 감추고 "야, 나 건들지 마" 하고 다닙니다. 세상에서 내내 그렇게 살다가 주일이 되면 눈동자조차 갈아 끼우지 않고 허겁지겁 나오느라 교우들에게 자주 들킵니다. 이것을 이겨 내야 합니다. 왜 이겨 내야 할까요? 그렇게 사는 것은 수치이기 때문입니다. 나이가 들면 알게 됩니다. 화를 내서는 얻는 게 없다는 사실을 말입니다. "나 우습게 보지 마" 하고 인상 쓰고 다니면, 아무도 존경하지도 반가워하지도 않습니다. 그렇게 사는 것은 자신에게 가장 나쁩니다.

그래서 성경은 우리에게 권면합니다. 이런 권면은 특히 에베소서에 많이 등장합니다. 거짓을 버려라, 더러운 말 하지 마라, 악독과 노함과 분 냄과 떠드는 것과 비방하는 것을 모든 악의와 함께 버려라, 이처럼 무엇을 하지 말라는 명령만 하는 것이 아니라 여기서 한 걸음 더 나아가 서로 친절하게 대해라, 불쌍히 여기며 용서해라, 이렇게 적극적인 모습을 권면합니다.

부모는 자녀에게 늘 훈계합니다. 발 씻고 자라, 이는 꼼꼼히 잘 닦아야 한다, 향수 좀 뿌려라, 밥 먹을 때 쩝쩝거리지 마라, 얼마든지 있으니 남의 반찬 뺏어 오지 마라, 점잖게 먹어라, 네 것 누가 집어 가면 그냥 씩 웃어 줘라, 더 있다, 인색하게 굴지 마라, 이렇게 말합니다. 멋있는 사람이 되는 기회가 우리에게 허락되어 있습니다. 이처럼 1차 세계관과 2차 세계관으로는 설명할 수 없는 상황에서 3차 세계관이 제시

됨으로써 우리로 정신이 번쩍 들게 합니다.

옛날에는 윤리, 도덕 외에는 아무 기준이 없었습니다. 유능한 사람, 훌륭한 사람, 쓸모 있는 사람이 되는 것이 전부였습니다. 그러다가 은혜로 예수를 믿게 되고, 예수를 믿자 진리와 생명에 눈이 열리게 되었습니다. 세상의 것으로는 우리가 해답을 얻지 못하더라, 우리 안에 있는 영혼이 세상의 위협 앞에서 계속 갈등하는 채로는 못 살 것 같더라, 이런 것입니다. 이제 이렇게 기회가 열렸습니다. 축구 경기를 하는데, 상대편은 아무도 없고 우리 편만 11명이면 제일 쉽습니다. 차는 대로 공이 다 들어가니 쉬울 수밖에 없습니다. 하지만 이것은 축구 경기가 아닙니다. 축구는 버거운 상대와 겨루어야 재미있습니다.

쉬우면 재미가 없습니다. 농구나 테니스를 보아도, 게임만 해 봐도 그렇습니다. 스포츠에는 승부라는 것이 있습니다. 이기기 위해서는 기술이 필요하고, 체력도 필요합니다. 그런데 기술과 체력은 하루아침에 길러지지 않습니다. 게다가 기술과 체력뿐만 아니라 인간성마저 좋아야 한다는 것을 알게 됩니다. 그렇다면 이제 무엇을 해야 할까요? 서로 협력해야 합니다.

언제나 자기만 골을 넣어야 한다고 생각해서는 안 되고 팀

전체에 도움이 되어야 합니다. 대개 골을 넣은 사람을 세상에서 영웅으로 쳐주는 것은, 일반 관중이 대부분 아마추어라서 골 넣은 사람만 눈에 띄니 그렇습니다. 경기를 읽을 줄 아는 사람은, 아까 그 골은 저 수비수가 온몸으로 방어해서 얻은 찬스라는 것을 압니다. 누군가 몸을 던져 공을 빼앗았기에 생긴 찬스입니다. 공을 독차지하지 않고 더 좋은 위치로 기회를 넘겨주어 생긴 득점이라는 것을 아는 것입니다. 하지만 인간이 가진 죄의 본성에는 이런 것이 있습니다. '우리 팀이 득점을 못하면 못했지, 네가 골 넣고 잘난 척하는 꼴은 도저히 못 보겠다.' 이런 죄성과 늘 싸워야 합니다. 이것이 3차 세계관에서 권면하는 가르침입니다.

6

제가 이사야서를 강해하면서 붙인 제목이 '하나님의 꿈' 즉 '하나님의 비전'입니다. 하나님의 꿈은 하나님의 자녀들이 영광의 자유를 누리는 일을 말합니다. 이 일을 하나님이 당신의 목적으로 삼으셨습니다. 그래서 이사야 60장에 나온 "일어나라 빛을 발하라 이는 네 빛이 이르렀고 여호와의 영광이 네 위에 임하였음이니라"와 같은 말씀은 운명에 대한 예언으로만 소개되는 것이 아니라 하나님의 목적 곧 인류 역사와 인생의 궁극적 비전인 하나님의 꿈으로 소개되어 있습니다. 이사야 61장 1절부터 보겠습니다.

> 주 여호와의 영이 내게 내리셨으니 이는 여호와께서 내게 기름을 부으사 가난한 자에게 아름다운 소식을 전하게 하려 하심이라 나를 보내사 마음이 상한 자를 고치며 포로된 자에게 자유를, 갇힌 자에게 놓임을 선포하며 여호와의 은혜의 해와 우리 하나님의 보복의 날을 선포하여 모든 슬픈 자를 위로하되 무릇 시온에서 슬퍼하는 자에게 화관을 주어 그 재를 대신하며 기쁨의 기름으로 그 슬픔을 대신하며 찬송의 옷으로 그 근심을 대신하시고 그들이 의의 나무 곧 여호와께서 심으신 그 영광을 나타낼 자라 일컬음을 받게 하려 하심이라 그들은 오래 황폐하였던 곳을 다시 쌓을 것이며 옛부터 무너진 곳을 다시 일으킬 것이며 황폐한 성읍 곧 대대로 무너져 있던 것들을 중수할 것이며 (사 61:1-4)

이사야 61장에 나온 이런 약속은 종말론적으로 확보된 운명에 대해서만 주어진 말씀이 아닙니다. 지금 몸담고 있는 현실을 이 약속으로 붙들어 매라고 주신 말씀입니다. 이사야서는 하나님의 비전 곧 하나님의 자녀들이 누릴 영광의 자유를 약속하며 마무리됩니다. 이 꿈을 하나님이 이루어 가고 계십니다. 그러니 인류 역사와 자기 인생을 하나님이 성실하게 일하시는 하루하루로 바라볼 줄 알아야 합니다.

우리는 세상이 우리에게 하는 말을 듣고 곧잘 시험에 듭니다. 시험에 드는 까닭은 사실 우리 안에도 자신을 비난하는 목소리가 있기 때문입니다. "너 영악하게 살지 않으면 죽어. 약삭빠르지 않으면 너는 못 살아 내"라는 위협만 있는 것이 아니라 자책도 있습니다. "나 같은 건 쓸모없어. 나는 왜 살까?" 위협 못지않게 자책도 큰 시험거리입니다. "너는 겨우 이런 일 하나 못 해내면서 앞으로 어떻게 살 거야?" 이 모든 것을 자기 책임과 자기 능력의 한도 내에서 확보하려 하지 마십시오.

오늘 하루가 자폭으로 끝나 버리면 그냥 일찍 주무십시오. 자는 게 죽는 것입니다. 그리고 다음 날 아침 우리는 스스로 일어나는 것이 아니라 하나님이 일으켜 주시는 하루를 맞이합니다. 스스로 눈을 뜬 것이 아니라 눈이 뜨이는 것입니다. 무슨 뜻일까요? 어제는 네가 죽었으나 오늘은 내가 좀 더 낫게 하겠다, 이것입니다. 하나님이 낫게 하시는 것입니다. 얼마나 대단합니까. 굉장한 결과가 생기는지 여부와는 무관합니다. 오늘 하루를 견뎌 내는 것이 얼마나 위대한 일인지 모릅니다. 하루만큼 배우기 때문이고 하루만큼 크기 때문이고 하루만큼 하나님이 나를 통해 일하실 뿐만 아니라 나와 함께 일하시기 때문입니다.

누군가가 나를 봅니다. 설교할 때, 이런 경험을 해 본 적 있을 것입니다. 전혀 생각나지 않는 나의 설교로 누군가 은혜를 받습니다. 그런 말을 한 기억이 없는데, 내가 했다고 합니다. 내가 한 말인지 떠오르지 않아 주일 설교를 녹음한 파일을 들어 보았습니다. 그 말을 했나 안 했나 확인해 보려고 말입니다. 그런데 아무리 들어도 그 말이 안 나옵니다. 그래도 은혜 받았다고 말한 그 사람은 내가 한 설교라고 우깁니다. 내 기억에도 없고 녹음에도 없는데 말입니다. 아마 그가 차타고 교회 오는 길에 어느 방송에선가 들은 게 아닐까 추측해 봅니다. 목사님은 어쩜 그렇게 족집게처럼 자기 속을 끄집어내느냐고 놀랍니다. 이럴 때 "아휴, 아니에요. 집사님"과 같은 말은 하지 마십시오. 누군가 그렇게 이야기해 주면 고마워하고 그 말을 받아 주십시오. 하나님이 나와 함께 일하신다는 자신감을 보이십시오. 설교는 너무 길게 하지 말고 말입니다.

7

로마서 1장 16절 이하를 봅시다.

> 내가 복음을 부끄러워하지 아니하노니 이 복음은 모든 믿
> 는 자에게 구원을 주시는 하나님의 능력이 됨이라 먼저는
> 유대인에게요 그리고 헬라인에게로다 복음에는 하나님의
> 의가 나타나서 믿음으로 믿음에 이르게 하나니 오직 의인
> 은 믿음으로 말미암아 살리라 함과 같으니라 (롬 1:16-17)

로마서는 복음을 전하려는 것입니다. 복음(福音)은 말 그대
로 복된 소식입니다. 그런데 이 기쁜 소식이 우리에게는 기
껏 '재시험' 수준 정도로 전락해 버렸습니다. 첫 사람 아담은
실패했다, 아담이 첫 시험에 실패했으나 이제 예수님이 오셔
서 재시험을 볼 수 있는 길을 열어 주셨다, 그래서 겨우 구원
얻게 되었다, 이런 모양새가 되고 말았습니다. 그렇지 않습
니다. '예수를 믿으면 구원을 받고, 안 믿으면 구원받지 못한
다'라고 자꾸 구별짓기 하려는 것은 '믿는다'는 말이 무슨 의
미인지 잘 모르기 때문입니다. 예수는 될지 안 될지 모르는
일을 위해 죽은 것이 아닙니다. 이 말씀을 큰 그림에서 이해

할 줄 알아야 합니다.

　물론 우리는 믿어야 합니다. 하나님이 작정하셨으니 내가 믿든 안 믿든 상관없다, 그렇게 이야기할 수는 없습니다. 앞서 자유에 대해 무엇이라고 했습니까? 우리 한계와 실력 안에서 선택하도록 하셨다고 했습니다. 늘 옳고 완벽한 선택을 해야 한다는 이야기가 아닙니다. 선택을 해 봄으로써 자기 실력을 알게 됩니다. 진실과 마주하게 됩니다. 말로는 잘하는데, 실제로는 그렇게 못 살고 있는 자신을 발견합니다. 실제로 해 보고, 또 한계를 발견하다 보면 어느새 실력이 향상되어 있는 자신을 깨닫습니다. 실력은 우리의 한계와 실패 때문에 늡니다. 그런데 우리는 실패하면 몇 번 실패했는지를 세어 보고, 잘못한 횟수만 적어 놓습니다. 그러니 사탄이 와서 이렇게 공격하는 것인지 모릅니다. "네가 잘한 게 뭐가 있냐." 이 한마디에 우리는 그냥 다 넘어가 버립니다.

　이런 사탄의 공격 하나에 우리는 자존심이 상해서 하나님의 은혜를 자기가 가진 것으로 갚아 버리려고 합니다. 전에는 주로 금식으로 갚았습니다. 차라리 굶다가 죽는 게 속 편했던 것입니다. 죽든지 아니면 다시는 실패하지 않는 완벽한 사람이 되든지 둘 중 하나입니다. 'All or Nothing'입니다. 하지만 그렇게 가는 것은 하나님이 이런 과정을 통해 무엇을 만들고 싶어 하시는지 모르기 때문입니다. 축구를 하든, 농구를 하든, 어떤 인생을 펼치며 살아가든 결국 인격이 성숙되어 가는 과정이라는 점을 놓치고, 다만 승부에 얽매여 그렇게 성마른 인생을 살기 때문입니다.

기독교가 말하는 것은 복음 곧 복된 소식입니다. 창조 때에 하나님이 빛이 있으라, 우리가 우리의 형상을 따라 사람을 만들자, 라고 말씀하신 것처럼 이제 이 죄 많은 세상을 회복하겠다고 하신 것이 하나님의 비전으로 나타났습니다. 그런데 하나님의 일하심을 역사 속에서 구체적 사건으로 들여다보면, 반대파도 나오고 예수를 팔아넘긴 자도 나오고 나라 전체가 망하기도 합니다. 우리 눈에 실패처럼 보이는 일들이 우리를 헷갈리게 합니다. 도대체 하나님이 정말 계시기는 하는 건가, 하는 의문이 듭니다. 그래서 예수를 믿다가 히틀러의 학살이나 스탈린의 학살 같은 비극을 접하고서는 돌아서 버린 사람들도 있습니다. 하나님이 계시다면 이런 일은 일어날 수 없다, 기독교는 거짓말이다, 사기다, 라고 하면서 돌아서 버린 것입니다.

이들의 말처럼 정말 기독교는 거짓일까요? 거짓말 같습니다. '부활'을 생각해 보십시오. 부활이란 사실 말이 안 되는 것입니다. 세상에 이런 역설이 어디 있습니까? 죽어 버렸는데,

'죽으면 산다'는 것이 어떻게 가능합니까? 이미 죽었는데 말입니다. '지면 이긴다'는 말은 또 어떻습니까? 그럼에도 기독교는 이렇게 힘주어 이야기합니다. 세상의 언어와 이해와 개념과 실력으로는 말할 수 없는 차원을 이야기하는 것입니다.

그래서 복음입니다. 태초에 하나님이 당신의 형상으로 빚으신 인류와 그 운명을 포기하지 않으신다, 이것이 복음입니다. 최초에 품은 뜻을 나는 완성하고야 만다, 시간과 공간 속에서 구체적으로 이루어 가겠다, 이것이 성육신과 십자가와 부활 사건입니다. 이것이 하나님의 의(義)입니다. '복음에는 하나님의 의가 나타나서 믿음으로 믿음에 이르게 한다'라는 말씀을 생각해 봅시다. '믿음으로 믿음에' 이르는 것은 무에서 유를 만들고 죽은 자를 살리시는 방법으로 부활이라는 실체를 이루어 내는 것을 말합니다. 믿음으로 믿음에 이르게 합니다.

그런데 우리는 이것을 이해하려고 하다가 제1차 세계관으로 돌아가 인과율에 딱 묶여 버립니다. "예수 믿어라. 안 믿겠다고? 그럼 너는 지옥 간다." 이렇게밖에는 할 말이 없습니다. 그렇게 말해야 자기가 믿은 것이 보상을 받기 때문입니다. "나는 믿었으니 천국 가고 너는 안 믿었으니 지옥 간다." 이렇게 이야기하는 것은 복음이 아니라 공갈입니다. 천국 가는 행복한 사람이 지옥 가는 열차에 와서 왜 시비를 겁니까?

자기는 천국 가면 그만 아닙니까? 그런데도 이렇게 자기 인생을 이해하지 못하고 시비만 거는 쩨쩨한 신자가 되고 말았습니다.

'복음에는 하나님의 의가 나타나서'라는 말은 무슨 의미입니까? '복음에는 하나님다우심이 나타나서'라는 의미입니다. 하나님다우심이란 무엇입니까? 명분을 나열해서는 설명할 수 없는 가치입니다. 우리는 고작 정직이나 윤리를 최고의 신앙 가치로 내세우지만, 무엇이 정직이고 무엇이 윤리인지에 대해서도 사실 잘 알지 못합니다. 하나님과 함께하는 일이 정직이고, 하나님 없이 하는 것은 거짓입니다. 이는 유교에서 말하는 윤리나 도덕보다 높은 가치입니다. 죽은 자가 살아났다, 그런 말이 어디 있습니까? 하지만 거짓이 아니고 진실입니다. 세상은, 진실이라면 말이 되어야 한다, 논리가 통해야 한다, 라고 말하지만 사실 이 말이 거짓입니다. 이것이 피조물의 한계입니다.

8

사도행전 4장을 봅시다. 사도행전 1장에는 예수님의 승천,

2장에는 성령의 강림, 3장에는 베드로와 요한의 치유 사건이 등장합니다. '은과 금은 내게 없거니와 내게 있는 이것을 네게 주노니 나사렛 예수 그리스도의 이름으로 일어나 걸으라'(행 3:6). 굉장합니다. 그래서 이 일로 붙잡혀 간 사도들은, 이후로는 예수의 이름으로 아무에게도 말하지 말고 가르치지도 말라고 위협받습니다. 이런 내용이 4장에 나옵니다. 5절부터 보겠습니다.

> 이튿날 관리들과 장로들과 서기관들이 예루살렘에 모였는데 대제사장 안나스와 가야바와 요한과 알렉산더와 및 대제사장의 문중이 다 참여하여 사도들을 가운데 세우고 묻되 너희가 무슨 권세와 누구의 이름으로 이 일을 행하였느냐 이에 베드로가 성령이 충만하여 이르되 백성의 관리들과 장로들아 만일 병자에게 행한 착한 일에 대하여 이 사람이 어떻게 구원을 받았느냐고 오늘 우리에게 질문한다면 너희와 모든 이스라엘 백성들은 알라 너희가 십자가에 못 박고 하나님이 죽은 자 가운데서 살리신 나사렛 예수 그리스도의 이름으로 이 사람이 건강하게 되어 너희 앞에 섰느니라 이 예수는 너희 건축자들의 버린 돌로서 집 모퉁이의 머릿돌이 되었느니라 다른 이로써는 구원을 받을 수 없나

니 천하 사람 중에 구원을 받을 만한 다른 이름을 우리에게 주신 일이 없음이라 하였더라 (행 4:5-12)

12절에 나온 '다른 이로써는 구원을 받을 수 없나니 천하 사람 중에 구원을 받을 만한 다른 이름을 우리에게 주신 일이 없음이라'라는 말씀은 깊이 이해해야 할 말씀입니다. '예수 이외에는 없다', 이 말은 맞습니다. 그런데 거기서 더 들어가야 합니다. 예수는 성육신하신 하나님의 이름입니다. 성육신의 이름, 우리를 구원하신 하나님의 구체적인 방법이 바로 예수입니다. 육신을 입고 오셔서 시간과 공간에 잡히시고 이런 정황에 묶이십니다. 예수가 누구인지 몰라보는 그 정황, 하나님을 빙자하는 모리배가 판치는 이 세상에 오십니다.

예수를 따라다니던 자들은 누구입니까? 소외된 사람들, 희망 없이 살던 자들입니다. 그들은 왜 예수를 찾아왔을까요? 예수한테 오면 병도 낫고 밥도 얻어먹을 수 있으니 왔을 것입니다. 어차피 실업자라서 달리 갈 데도 마땅치 않았을 테니 말입니다. 예수님은 스스로 "나는 죄인과 병자의 친구라"라고 말씀하셨습니다. 이 예수는 어떤 이름입니까? 이렇게 찾아와 십자가를 지신 하나님의 구체적인 이름입니다. 이런 방법, 이런 순종, 구체적이지 않은 다른 방법으로는 하나님이 인간을 구원하시지 않는다, 인간을 목적하시지 않는다, 라는 뜻이 이 이름 예수에 담겨 있습니다.

우상이란 전부 무엇입니까? 이사야 42장 8절은 "나는 여호와이니 이는 내 이름이라 나는 내 영광을 다른 자에게, 내 찬송을 우상에게 주지 아니하리라"라고 했습니다. 하나님이 당신의 이름과 영광을 우상에 견주어 이야기하는 것은 사실 격에 맞지 않습니다. 정 비교할 대상이 없으면 화성이나 태양과 비교하시지 쩨쩨하게 왜 우상에다 비교하실까요?

이사야 42장 8절은 하나님이 우상에 견줄 만한, 우상과 엇비슷한 겨우 그 정도 수준의 존재라는 생각이 전제되어 나온 말씀이 아닙니다. 여기서 우상은 무엇일까요? 타협입니다. 인간의 기대와 소원에 맞추는 타협을 말합니다. 하나님은 인간이 안심, 형통, 자랑에 안주하는 존재가 되는 일에 결코 타협하지 않을 것이라고 하십니다. 성경에 우상이 계속 언급되는 이유가 이것입니다.

우리가 가진 소원이 다 무엇입니까? 시편에 자주 등장하는 내용인데, 결국 주 앞에 "주여, 언제까지입니까. 언제 웃음을 주시겠습니까. 언제쯤 저를 만사형통하게 해 주시겠습니까"라고 비는 소원입니다. 하나님이 말씀하십니다. 그렇게는 안 된다, 그렇게 되는 날에 너는 승천할 것이다, 살아 있는 동안 죽도록 고생하라는 말이 아니다, 살아 있는 동안 더 나아가라, 더 성숙하라, 지금 할 수 있을 때 더 나아가라, 괜찮다, 그 뜻입니다. 이것이 복음이며, 성경이 하고 싶은 이야기입니다.

그런데 우리는 어떻습니까? 얼마나 작아졌습니까? 누구를 비난하고 정죄하는 것이 우리가 실천하는 신앙생활의 전부가 되어 버렸습니다. 사도행전 4장을 이어서 계속 보겠습니다.

사도들이 놓이매 그 동료에게 가서 제사장들과 장로들의 말을 다 알리니 그들이 듣고 한마음으로 하나님께 소리를 높여 이르되 대주재여 천지와 바다와 그 가운데 만물을 지은 이시요 또 주의 종 우리 조상 다윗의 입을 통하여 성령으로 말씀하시기를 어찌하여 열방이 분노하며 족속들이 허사를 경영하였는고 세상의 군왕들이 나서며 관리들이 함께 모여 주와 그의 그리스도를 대적하도다 하신 이로소이다 과연 헤롯과 본디오 빌라도는 이방인과 이스라엘 백성과 합세하여 하나님께서 기름 부으신 거룩한 종 예수를 거슬러 하나님의 권능과 뜻대로 이루려고 예정하신 그것을 행하려고 이 성에 모였나이다 주여 이제도 그들의 위협함을 굽어보시옵고 또 종들로 하여금 담대히 하나님의 말씀

을 전하게 하여 주시오며 손을 내밀어 병을 낫게 하시옵고
표적과 기사가 거룩한 종 예수의 이름으로 이루어지게 하
옵소서 하더라 빌기를 다하매 모인 곳이 진동하더니 무리
가 다 성령이 충만하여 담대히 하나님의 말씀을 전하니라

(행 4:23-31)

사도행전을 읽을 때에 대부분 신자들은 이런 구절에서 목청
이 높아집니다. '은과 금은 내게 없거니와 내게 있는 이것을
네게 주노니 나사렛 예수 그리스도의 이름으로 일어나 걸으
라'(행 3:6). 여기 소개된 본문에서는 어떤 구절에 가장 크게
'아멘'이라고 하게 될까요? "빌기를 다하매 모인 곳이 진동
하더니 무리가 다 성령이 충만하여 담대히 하나님의 말씀을
전하니라"(행 4:31). 대개 이 대목에서 감동할 것입니다. 그런
데 사실 사도행전 4장에서 가장 중요한 구절은 27절입니다.
27절 앞에 별표를 쳐 두시기 바랍니다. 특히 '과연'에다 표시
해 두고 다시 읽어 봅시다. "과연 헤롯과 본디오 빌라도는 이
방인과 이스라엘 백성과 합세하여 하나님께서 기름 부으신
거룩한 종 예수를 거슬러"(행 4:27).

　'과연'이 맞습니다. 하나님은 창조주이자 주권자이며 섭리
자이십니다. 이런 하나님이 당신의 통치와 그 완성을, 대적

들을 세워 하겠다고 하셨습니다. '어찌하여 열방이 분노하며 족속들이 허사를 경영하였는고 세상의 군왕들이 나서며 관리들이 함께 모여 주와 그의 그리스도를 대적하도다'라고 이미 다윗의 입을 통해 선포하고 예언해 놓으신 일입니다. 과연 그렇습니다. 사도행전 4장에 나온 사도들의 기도는 이런 내용입니다. "저 빌라도와 헤롯은 주의 뜻을 이루려고 와서 자기 일을 하고 있습니다. 그러니 우리도 우리 일을 하게 하여 주옵소서." 여기에 "저 못된 놈들 다 죽여 주옵소서"와 같은 내용은 없습니다. 대신 어떤 내용이 담겨 있습니까? 29절 이하에서 보듯이 '주여 이제도 그들의 위협함을 굽어보시옵고 또 종들로 하여금 담대히 하나님의 말씀을 전하게 하여 주시오며 손을 내밀어 병을 낫게 하시옵고 표적과 기사가 거룩한 종 예수의 이름으로 이루어지게 하옵소서'라는 기도가 나옵니다. "저것들을 없애 우리 앞길을 평탄하게 해 주옵소서"가 아니고 "저들도 자기 역할을 하여 주의 뜻을 이룹니다. 우리도 하나님의 뜻에 순종하여 담대히 우리 역할을 하게 해 주옵소서"라는 기도인 것입니다.

그다음에는 어떤 기도가 나옵니까? 30절을 보면, '손을 내밀어 병을 낫게 하시옵고 표적과 기사가 거룩한 종 예수의 이름으로 이루어지게 하옵소서'라는 기도가 나옵니다. 결코

"귀신이 나와서 빌라도에게 들어가고 문둥병이 헤롯에게 들어가게 하여 주옵소서"라고 기도하지 않습니다. "주님, 저들이 자기 일을 하듯, 우리도 우리 일을 해야겠습니다"라고 기도했습니다.

"빌기를 다하매 모인 곳이 진동하더니 무리가 다 성령이 충만하여 담대히 하나님의 말씀을 전하니라"(행 4:31). 이 '담대히'는 어떤 배짱을 말하는 것일까요? 이들에게 무슨 능력이 있었을까요? 적군이 다 도망가고 감동하고 회개해야 해결되는 문제가 아닙니다. 적은 적대로 자기 역할하게 내버려두고, 우리는 우리 역할을 다하는 것입니다. 우리 뒤에 누가 이 일을 이을지에 대한 염려도 내려놓기로 합니다.

바울이 다메섹 도상에서 회개하여 사도가 된 것이 아니라, 예수에게 박치기로 케이오 당한 것입니다. 바울이 회개한 것이 아닙니다. 다메섹으로 가는 길에 예수에게 얻어맞고 정신이 나가 버린 것입니다. 하나님이 아나니아더러 바울에게 안수해서 그로 보게 하라고 합니다. 그랬더니 아나니아가 "주여, 이 사람은 순 악당입니다. 예수 믿는 사람을 죽이려고 여기 오던 놈인데, 그 놈을 살리라니요" 하고 대답합니다. 하나님은 "바울은 내 그릇으로 예정한 내 종이다. 그가 얼마나 해를 받고 이방에 복음을 전파해야 하는지 내가 그로 알게 하려고 한다"라고 말씀하십니다.

하나님의 말씀을 들으면 이런 생각이 듭니다. '하나님, 그렇게 할 작정이셨으면 바울로 하여금 진작에 하나님을 믿게 하셨어야 하지 않습니까. 진작 믿게 하여 신학도 공부하고 금식 기도도 하고 그렇게 준비시켜야 하지 않습니까.' 그런데 바울은 예수님과 정반대 편에 서 있던 사람입니다. 그는 스데반이 순교하자 예수를 따르는 자들을 다 죽이러 다메섹으로 가는 길이었습니다. 거기서 예수님한테 박치기 당하고 뻗은 것입니다. 정신이 하나도 없습니다. "주여, 누구십니까." "나는 네가 핍박하는 예수라." 정말 '으악!' 하는 비명이 나옵니다.

바울이 얼마나 감격스러운 전기를 가졌는가, 이런 데에 관심을 두지 말고 도대체 하나님은 왜 이렇게 앞뒤가 안 맞게 일하시는가, 여기에 관심을 두십시오. 바울의 생애를 염두에 두고 그의 고백을 보면, 이 고백은 괜히 나오지 않았다는 것을 알게 됩니다. '죄인 중에 내가 괴수니라'(딤전 1:15)라는 말은 바울이 그런 과거를 가졌기 때문에 나올 수 있었습니다. 바울은 그런 과거를 겪어 평생 충성할 수 있었던 것입니다. 이 모순과 억울함 속에서도 바울은 자기가 죄인 중 괴수라고 토로합니다. 여기서 "내게 능력 주시는 자 안에서 내가 모든 것을 할 수 있느니라"(빌 4:13)라는 고백이 터져 나오는 것입니다.

이렇게만으로도 부족해서 하나님은 바울을 이런 말씀으로까지 붙잡아 놓습니다. '내 은혜가 네게 족하도다 이는 내 능력이 약한데서 온전하여짐이라'(고후 12:9). 우리가 직접 이 말을 들었다면 환장했을 것입니다. 여러분은 무엇이 억울하십니까? 그 억울한 것이 손해라고 생각하십니까? 억울하면 우십시오. 그렇다고 성도들 앞에서는 징징거리거나 성질 내지 말고 차분하고 넉넉하게 설교하십시오. 내가 아는 나의 모든 한계가 오히려 일을 한다는 것을 기억하기 바랍니다.

하나님의 꿈, 하나님의 능력, 하나님의 하나님다우심이 여기 있습니다. 예수가 시간과 공간에 붙잡혀 들어와 죽음으로써 온 인류와 역사를 구원해 냅니다. 유한이 무한을 담아내는, 이런 말도 안 되는 이야기를 하는 것이 바로 기독교입니다. 그러니 '너 예수 안 믿어? 그럼 지옥행이다' 그렇게 말하지 마시고, 등산 가다가 절간에 돌 던지지 마시고, 돌 쌓아 놓은 것 보면 발로 차지 마시고, 거기에 십자가 그려 넣지 마시고, 그저 즐겁게 등산하고 내려오기 바랍니다.

예수를 믿었으면 넉넉해야 합니다. 대체 무엇이 걱정입니까? 교회 옆에 절이 들어오면 화내지 마십시오. 화환이라도 하나 보내세요. 대체 무엇이 겁납니까? 사람들이 몰라주는 것, 내가 실력이 없는 것, 이 모든 것이 문제가 되지 않는다고 성경은 말씀합니다. 하나님이 나를 통해, 나와 함께 일하겠다고 하십니다. 그러니 신나게 하나님과 동역해 보는 귀한 인생 살아가기 바랍니다.

기도

언제나 일하시는 하나님, 오늘도 성실과 권능으로 함께하심을 믿습니다. 우리는 쉬기도 하고 잊기도 하지만, 하나님은 쉬지 않으시고 잊지 않으시고 계속 일하고 계시다고 배웠습니다. 우리가 그 기적의 시간 속에 있는 줄 기억하여 오늘 하루도 충성하고 인내하고 소망 중에 있게 하옵소서. 예수님 이름으로 기도합니다. 아멘.